A culpa é da Eva?

De deusas a pecadoras: mulheres nas religiões

Iara Cecília Paiva

A CULPA É DA EVA?
DE DEUSAS A PECADORAS: MULHERES NAS RELIGIÕES
© Almedina, 2020
AUTOR:
Iara Cecília Paiva
PROJETO GRÁFICO E DIAGRAMAÇÃO:
Lilian Nocete Mescia
DESIGN DE CAPA:
Zeca Martins
EDITOR DE AQUISIÇÃO:
Marco Pace

Dados Internacionais de Catalogação na Publicação - CIP

Paiva, Iara Cecília
A culpa é da Eva? : de deusas a pecadoras :
mulheres nas religiões / Iara Cecília Paiva. - São Paulo : Almedina Brasil, 2020.

184 p.; 23 cm
ISBN 978-65-86618-11-2

1. Filosofia 2. Feminismo - Aspecto religioso 3. Mulheres - Religião I. Título

20-38223   CDD – 305.486

Todos os direitos reservados. Nenhuma parte deste livro, protegido por copyright, pode ser reproduzida, armazenada ou transmitida de alguma forma ou por algum meio, seja eletrônico ou mecânico, inclusive fotocópia, gravação ou qualquer sistema de armazenagem de informações, sem a permissão expressa e por escrito da editora.

Agosto, 2020

EDITORA: Almedina Brasil
Rua José Maria Lisboa, 860, Conj.131 e 132, Jardim Paulista | 01423-001 São Paulo | Brasil
editora@almedina.com.br
www.almedina.com.br

Agradecimentos

Ao "par divino", Timóteo Almeida e Maria Cecília Almeida, que geraram meu corpo, agradeço pelo dom da vida. Minha mãe foi a primeira a ler o manuscrito deste livro, minha conselheira, minha primeira crítica literária.

Ao meu amado consorte, Fábio Paiva, que teve a ideia que originou este livro e que sempre me incentivou a escrever, sem perder a paciência para aguardar o momento certo, agradeço por ter compreendido que eu precisava ganhar mais livros do que flores e que minha paixão por livros só não é maior que minha paixão por ele.

Aos meus filhos, Davi Paiva e Helena Paiva, agradeço por entenderem minha ausência durante as pesquisas e intermináveis horas que levei para escrever este livro. Agora vocês poderão guardar, para sempre, um pedacinho de mim.

Aos meus colegas Jefferson Bellomo, Gustavo Drezza, João Marcelo, Douglas Frazão e Natali Alves, agradeço por me apresentarem um mundo novo, onde deuses são mais humanos do que pensamos. As portas do conhecimento que vocês me abriram fizeram com que eu tivesse um olhar mais racional e crítico para as religiões.

Este livro é uma criação feita de retalhos dos meus pensamentos, costurados com muito estudo e pesquisa, que tomou forma e ganhou vida. Que ele seja portador de ideias novas nascidas de histórias antigas.

Sumário:

Agradecimentos 3
Para começo de conversa 7
Capítulo 1: O princípio? 11
Capítulo 2: Para entender a importância dos mitos 17
Capítulo 3: Sobre deusas e mães ancestrais 23
Capítulo 4: A criação da mulher 49
Capítulo 5: As mulheres nas escrituras judaicas 67
Capítulo 6: As mulheres no Novo Testamento 99
Capítulo 7: As mulheres nos escritos apócrifos 125
Capítulo 8: Todas as mulheres e deusas 161
NOTAS 173
REFERÊNCIAS 179

Para começo de conversa

Quando eu era criança, passava horas divertidas em frente à televisão assistindo seriados. O que eu mais gostava era *A feiticeira*. Apesar das risadas, havia algo que me incomodava. Por que Samantha, tendo tanto poder e podendo fazer coisas incríveis, se submetia ao marido e tentava ser uma "pessoa normal"? Eu me imaginava no lugar dela e fazia planos mirabolantes de burlar a lição de casa, nunca mais arrumar o quarto e não me casar nunca com um marido chato como o James.

Dessa minha reminiscência infantil extraí duas lições: a primeira é que, em geral, quando temos poderes que a maioria não tem, queremos utilizá-los para fins não tão nobres, a segunda é que, mesmo podendo fazer coisas maravilhosas, as mulheres extraordinárias são proibidas ou desestimuladas de exercitar seus dons. Pensando em como conciliar empoderamento feminino e boas ações, aceitei o desafio de escrever um livro que ajudasse a entender o processo histórico da perda da identidade feminina no protagonismo religioso e que abrisse novas perspectivas de ampliar nosso papel na religiosidade moderna.

Tenho verdadeiro fascínio pela história da religiosidade humana, mas quanto mais eu estudava, mais me frustrava com o papel secundário que as mulheres tiveram na trajetória da maioria das religiões. Entretanto, algumas vezes eu me deparava com situações dicotômicas, como o caso do deus grego Dioniso, filho de Zeus com uma mortal, que enlouqueceu pela ação do ciúme da sua madrasta Hera e perambulou pelas florestas da Grécia em busca da cura. Nos ritos de mistério de Dioniso, que contava com a participação feminina, os homens vestiam-se de mulher para relembrar a época em que ele, fugindo e buscando a cura de sua insanidade, tentava se esconder de Hera. Por um lado, parece que ser mulher era fator de invisibilidade social, tornando a fuga mais fácil, porém, Dioniso, ele mesmo um deus, estava fugindo de uma deusa ainda mais poderosa que ele e implacável. Situações assim demonstram que a ausência constante de protagonismo da mulher na sociedade antiga não significa, necessariamente, que elas não tivessem influência e poder.

Refletindo sobre as várias deusas e mulheres envolvidas nas diversas manifestações religiosas, eu me questionei como seria o mundo se as mulheres pudessem utilizar seus carismas e seu poder com mais liberdade no âmbito religioso. Nós temos potencial para realizar feitos extraordinários, inclusive no campo da religiosidade, mas para atingi-lo é fundamental que conheçamos a trajetória do feminino ao longo da história das religiões e que possamos entender como foi o nosso protagonismo e quais foram os mecanismos que nos levaram a ser, quase sempre, meras coadjuvantes, muitas vezes segregadas do domínio da vida religiosa. A compreensão e o conhecimento são nossas ferramentas na busca de uma religiosidade moderna que nos traga consolo, inspiração e adequação à contemporaneidade da mulher dos novos tempos.

Este não é um livro religioso, tampouco pretendo ser desfavorável às instituições religiosas em si. Não se trata da eterna luta do bem contra o mal, do piedoso contra o ateu, trata-se de liberdade de escolha. O objetivo é fazer uma viagem pelo tempo e pela literatura, religiosa e acadêmica, para levar conhecimento dos processos históricos e culturais que levaram as mulheres aos papéis que executam hoje nas diversas vertentes e, desta maneira, buscar satisfação pessoal com a consciência de que nós não precisamos mais repetir os mesmos modelos do passado.

Na busca dessa nova identidade, não há como ficar presa a atavismos do passado e em estereótipos já ultrapassados. Veremos que o sagrado é mutante, dependendo da sociedade e época em que está inserido.

O material utilizado para a elaboração deste livro é composto de textos contemporâneos e fontes primárias de estudo do feminino e da religião, combinados com textos acadêmicos e publicações de renomados sociólogos, historiadores, antropólogos e pesquisadores, com ênfase nas eruditas femininas, sempre que possível, porque, infelizmente, a maioria dos pesquisadores de renome da área religiosa pertence ao sexo masculino. Textos sagrados são amplamente utilizados, porém, a análise destes não é exegética e sim histórico-crítica.

Ao abordar textos religiosos com propósito analítico, provavelmente aqueles mais ortodoxos sintam-se inicialmente constrangidos. Gostaria de frisar que conhecer a história e a forma como esses textos foram escritos e o contexto em que isso ocorreu não minimiza sua importância para o sagrado e não é essa a intenção deste livro. O propósito é conhecer para escolher, com convicção, qual religiosidade nos completa, ou mesmo se é necessária alguma religião nas nossas vidas.

A ideia inicial era abordar toda a história religiosa, desde a origem até os dias atuais, mas um único livro não é suficiente para uma história tão rica e repleta de elementos extremamente interessantes. Optei então por tratar do tempo que começa antes mesmo da existência da escrita e que vai até meados do século V da nossa era, período que costuma ser convencionalmente chamado de Pré-História e Antiguidade. Abordarei em outro livro a continuação da saga feminina nas religiões nos períodos subsequentes.

Nós, mulheres, temos opção de escolher o que nos faz plenas. A escolha consciente nos dá certezas, mas para conquistá-las é necessário o conhecimento. Por muito tempo fomos relegadas à ignorância, tivemos nossas capacidades subestimadas e nosso potencial refreado. Chegou o momento de nos apropriarmos do conhecimento para a nossa plena realização pessoal.

Uma série de repressões ao longo das eras nos afastou do entendimento de quanto o sagrado foi manipulado, escondido, subvertido de todos, mas, principalmente, de nós mulheres. Este é o momento de buscar o nosso posicionamento frente as religiões. Os tempos mudaram, nós mudamos, não queremos mais carregar a culpa da Eva. Nós não somos meras pecadoras, não somos a personificação do mal e da luxúria, não somos seres inferiores subordinados aos homens e aos deuses, nós somos mulheres e temos o dever de sermos plenas em nossas convicções e de ocuparmos a parte da sociedade que mais nos convém. Para realizarmos escolhas, é necessário conhecer os caminhos. Vamos começar agora a busca das raízes históricas, que serão nosso alicerce na construção do santuário do feminino nas religiões ao longo do tempo.

Capítulo 1: O princípio?

Deus disse: "Façamos o homem à nossa imagem, como nossa semelhança, e que eles dominem sobre os peixes do mar, as aves do céu, os animais domésticos, todas as feras e todos os répteis que rastejam sobre a terra", Deus criou o homem à sua imagem, à imagem de Deus ele o criou, homem e mulher ele os criou (Gn 1: 26 – 27).[1]

Esta narrativa da criação dos seres humanos pode soar estranha àqueles que não têm um conhecimento mais aprofundado da Bíblia. Onde está o homem de barro e a mulher costela? Algo que muitos estudiosos bíblicos têm como consenso e que poucos leigos conhecem é que há mais de uma narrativa da criação contida no Gênesis, o primeiro livro da Bíblia.

O Gênesis é composto de duas partes: a trajetória dos antepassados do povo hebreu, remontando à história da criação do Universo, apresentada nos onze primeiros capítulos, e a saga dos patriarcas que originaram o povo hebreu, nos capítulos seguintes.

A Bíblia foi escrita durante vários séculos por muitos autores diferentes. Em relação aos cinco primeiros livros conhecidos por *Pentateuco* (Gênesis, Êxodo, Levítico, Números e Deuteronômio), durante muito tempo acreditou-se que teriam sido escritos pelo próprio Moisés. Atualmente, filólogos e exegetas creem que foram escritos por quatro autores ou grupos de autores diferentes denominados em tradições: javista, eloísta, deuteronomista e sacerdotal, que foram surgindo e se desenvolvendo ao longo da trajetória dos hebreus por vários séculos.

Após a morte do rei Salomão, a Terra Prometida foi dividida em dois reinos: Judá ao sul e Israel ao norte. Os escritos mais antigos da Bíblia remontam ao século IX a.C. e são atribuídos a autores da tribo de Judá. Os escritos são chamados de javistas por causa da denominação que utilizam para Deus, Iahweh (Javé). Pouco tempo depois, autores da tribo de Israel, escreveram narrativas conhecidas como eloístas por designarem seu Deus como Elohim. Após a destruição do Reino do Norte, os dois documentos teriam sido reunidos. No tempo de Josias e da reforma do Templo de Jerusalém (século VII a.C.), novos escritos foram incorporados, provenientes da tradição deuteronomista. *Deutero* significa segundo, representando, portanto, uma segunda revelação. Por fim, para completar o *Pentateuco*, após o exílio na Babilônia, sacerdotes acrescentaram textos à narrativa, sobretudo leis, que formam a tradição sacerdotal. Essa compilação de diferentes tradições: javista, eloísta, deuteronomista e sacerdotal, explica o porquê de haver narrativas diferentes e muitas vezes contraditórias nos capítulos iniciais da Bíblia.[2]

Segundo a especialista em religiões Karen Armstrong, javistas e eloístas reuniram, em uma narrativa coerente, várias histórias que há séculos eram transmitidas oralmente de geração em geração. Até o século VIII a.C., escrever era uma habilidade divina, perigosa para os humanos. A sabedoria era propriedade de toda a comunidade e não deveria ser de propriedade de uma minoria letrada. No final do século VIII a.C., os reis da região do oriente próximo começaram a preservar bibliotecas e estimular a alfabetização. Foi nessa época que as tradições javistas e eloístas foram incluídas nos arquivos reais de Jerusalém.[3]

Os relatos bíblicos não são uma expressão fiel dos acontecimentos do passado, contendo material mítico e interpretações de histórias antigas de acordo com a visão da época em que foram escritos. Apesar do valor sagrado que os textos têm para judeus e cristãos, os historiadores não consideram como material histórico todo o conteúdo bíblico.

Após essas considerações iniciais, voltemos ao trecho bíblico destacado no início do capítulo (Gn 1: 26 – 27). Percebemos que Deus criou o homem à sua semelhança e o fez soberano de todos os outros seres viventes. O trecho, porém, indica que não só o homem foi feito à sua semelhança, mas também a mulher: "Deus criou o homem à sua imagem, à imagem de Deus ele o criou, homem e mulher ele os criou".

Se temos mais de uma narrativa sobre a criação humana, por que não é utilizada esta, que aparece primeiro, em detrimento da segunda, que afirma que Deus criou o homem à sua semelhança e depois a mulher a partir dele? A resposta não é simples, mas quem escolheu qual narrativa explorar na tradição religiosa, com certeza, não foi uma mulher, visto que o judaísmo e o cristianismo, religiões bíblicas, são patriarcais.

Em geral, há uma tendência dos intérpretes das *Escrituras* em harmonizar os diferentes relatos como se fossem partes de uma única história. Dessa forma, ao unir as partes diferentes, cria-se uma nova narrativa que não corresponde a nenhuma das narrativas originais, inaugurando uma nova tradição, que, por vezes, passa a ser incorporada à comunidade religiosa como sendo a história original e definitiva. Quando passamos a compreender o processo de formação das diferentes vertentes religiosas e buscamos os textos originais em sua essência, podemos notar o quanto a cultura e os costumes da época em que a tradição foi formada interferiram na compreensão e interpretação do texto sagrado e como esse processo se repetiu ao longo dos anos até os dias de hoje. Basta pensar em quantas religiões diferentes existem baseadas nos mesmos textos contidos na Bíblia para concluir que não é o que está escrito em sua literalidade que faz uma tradição religiosa, mas o sentido representativo que a escritura tem para aquele grupo em particular.

Outro aspecto a ser destacado no texto é a menção de mais de um criador com a utilização do plural em: "Façamos o homem à nossa imagem". Alguns exegetas afirmam que Deus estaria referindo-se à sua corte celeste, formada por seres angélicos. Há razões para crer que, na realidade, o trecho referia-se a outros deuses. Apesar de o judaísmo ser uma religião eminentemente monoteísta, a Bíblia está repleta de relatos de que haviam outros deuses. Exemplos interessantes são encontrados nos *Salmos*: "Pois Iahweh é grande, e muito louvável, mais terrível que todos os deuses! Os deuses dos povos são todos vazios" (Sl 96: 4-5). Uma leitura cuidadosa nos informa que havia uma assembleia de deuses e o Deus de Israel era seu presidente: "Deus preside, na assembleia divina, em meio aos deuses ele julga" (Sl 82: 1). Mas encontramos na Bíblia algo ainda mais surpreendente: em meio ao panteão divino havia uma deusa, Aserá, citada por dezenas de vezes na Bíblia, como a própria deusa ou pela representação de seus símbolos sagrados. A imagem de Aserá era representada por uma árvore ou poste sagrado, objeto de idolatria. Originariamente seria uma deusa cananeia conhecida como "Senhora do mar" ou "Rainha do céu", consorte de *El*, deus supremo do panteão divino local. As várias migrações do povo hebreu e os períodos de escravidão e exílio em terras estrangeiras colaboraram para o sincretismo do Deus tribal Iahweh com outros deuses provenientes de outras culturas. Há estudiosos, inclusive, que afirmam que *El*, na realidade, era o deus cultuado pelos patriarcas Abraão, Isaque e Jacó.

Várias são as evidências arqueológicas de que havia um culto à deusa pelos israelitas, inclusive dentro do Templo de Jerusalém e que esta era possivelmente venerada como consorte de Iahweh.

No livro *2 Reis,* da Bíblia, encontramos um exemplo interessante da veneração da deusa pelos hebreus:

O rei ordenou a Helcias, o sumo sacerdote, aos sacerdotes que ocupavam o segundo lugar e aos guardas das portas que retirassem do santuário de Iahweh todos os objetos de culto que tinham sido feitos para Baal, para Aserá e para todo o exército do céu; queimou-os fora de Jerusalém, nos campos do Cedron e levou suas cinzas para Betel (2 Rs 23:4).

Podemos perceber que o culto à Aserá era costume do povo e foi combatido no processo de tornar monoteísta a religião hebraica.

Para compreender o que causou o ostracismo da deusa, é importante destacar que o processo de instauração do monoteísmo hebraico não foi pacífico, sendo relatados, nas *Escrituras,* atos de intolerância que obrigavam o povo a aderir ao culto do Deus único. Conflitos religiosos e diversas reformas aconteceram na tentativa de instaurar definitivamente o monoteísmo em Israel. Os reis Asa e seu filho Josafá e também Ezequias foram elogiados nas escrituras por terem destruído os locais de culto de Aserá. Ezequias promoveu uma grande reforma religiosa e política para reunir o povo, após a destruição do Reino de Israel ao norte, em uma só fé no Deus Iahweh. Em busca de unidade, reprimiu o culto e destruiu os lugares sagrados de Aserá, sendo louvado pelos deuteronomistas como o rei que fez o que agrada aos olhos de Iahweh. Conquanto o culto ainda resistisse, o rei Josias, cerca de cem anos depois, fez nova reforma e ordenou a Helcias, o sumo sacerdote, que retirasse do santuário de Iahweh todos os objetos de culto de Aserá, conforme relatado acima.

Apenas após o exílio na Babilônia, com o retorno das elites sacerdotais, seria implantado definitivamente o monoteísmo absoluto, sendo Iahweh considerado o único Deus, ocasionando o banimento de outros deuses antes cultuados.

O fortalecimento da classe sacerdotal masculina e o crescente desenvolvimento da religião centrada em um deus masculino, poderoso e único, provocou, não só o banimento da deusa, mas a vinculação de sua idolatria como a causa de todas as desgraças pelas quais sofria o povo de Israel. De companheira ela passou a ser rival e inimiga de Iahweh.

Encontramos no livro de Jeremias um exemplo de ato de intolerância contra o culto específico da deusa mãe canaanita Aserá, ali nomeada Rainha do Céu. O povo se recusava a abandonar seus cultos tradicionais para aderir ao monoteísmo de Iahweh. Jeremias, reunindo a população, profetizava que Iahweh estava irado pelo povo ainda cultuar outros deuses e que exterminaria toda a tribo de Judá. Mesmo sob ameaças, o povo resistia em modificar suas tradições religiosas. Notem que as mulheres estavam presentes e que opinaram sobre a continuação do culto ancestral:

Todos os homens que sabiam que suas mulheres incensavam deuses estrangeiros e todas as mulheres presentes – uma grande assembleia – (e todo o povo que habitava a terra do Egito e em Patros) responderam a Jeremias dizendo: "A palavra que nos falaste em nome de Iahweh, nós não a queremos escutar. Porque continuaremos a fazer tudo o que prometemos: oferecer incenso à Rainha do céu e fazer libações, como fazíamos, nós e nossos pais, nossos reis e nossos príncipes, nas cidades de Judá e nas ruas de Jerusalém; tínhamos então fartura de pão, éramos felizes e não víamos a desgraça. Mas desde que paramos de oferecer incenso à Rainha do céu e quando lhe fazemos libações é, por acaso, sem que saibam nossos maridos que lhe fazemos bolos que a representam e lhe fazemos libações? " (Jr 44: 15 – 19).

A fartura era atribuída à deusa que sempre foi relacionada à fertilidade e à vida. Iahweh era um deus guerreiro e poderoso, que era fundamental nas batalhas, mas insuficiente para garantir a prosperidade e subsistência da população. O livro prossegue com ameaças de morte infringidas por Iahweh contra aqueles que se recusavam a adorá-lo com exclusividade, inclusive crianças que não possuíam idade suficiente para opinar.

O livro de Jeremias contempla um cenário de pessimismo diante de derrotas sucessivas do povo de Judá. Chamado à profecia na época das reformas de Josias para eliminar os cultos pagãos em 627 a.C., Jeremias anunciava a ruína próxima, culpando os próprios judeus por terem cultuado deuses estrangeiros atraindo a ira de Iahweh.

Jeremias sobreviveu à conquista de Jerusalém por Nabucodonosor em 597 a.C., período no qual grande parte da população judaica foi exilada para a Babilônia e o templo de Jerusalém foi destruído. Ele permaneceu na Palestina com o novo governador Godolias até que este foi assassinado, provocando a fuga de um grupo de judeus para o Egito. Foi lá que Jeremias, mais uma vez, exortou o povo a cultuar apenas Iahweh. No entanto, eles não concordaram com o profeta e resistiram, afirmando que foi justamente quando deixaram de sacrificar à Rainha do céu (Aserá) que as desgraças se abateram sobre eles.

Jeremias fracassou em sua missão de converter definitivamente o povo ao monoteísmo de Iahweh e extinguir o culto aos outros deuses, morrendo no Egito.

Aos poucos, no entanto, o triunfo do Deus único foi estabelecido e a história e mensagem de Jeremias, que foi preservada, seria retomada para ser utilizada como prova de que os monoteístas tinham razão. Se o partido politeísta tivesse sido vencedor, a história hoje seria bem diferente.

Após conhecermos os fatos explorados neste capítulo, ficou claro que a proibição do culto à deusa e a implementação do monoteísmo em Israel não foi um processo democrático e que muitos conflitos violentos ocorreram e muitos anos se passaram até que estivesse estabelecido. Após o retorno do exílio babilônico, o desenvolvimento de uma nova classe sacerdotal masculina e a necessidade de substituir o culto no templo, então destruído, por uma religiosidade mais transcendente e menos material, favoreceram a implantação definitiva do monoteísmo judaico.

Passados alguns séculos, o Cristianismo, herdeiro do culto ao Deus único, floresceria com características mais adequadas aos anseios da população da época, transformando um Iahweh vingativo e irascível no Deus pai compassivo e amoroso descrito na mensagem de Jesus.

É difícil saber, com certeza, qual era o verdadeiro papel de Aserá no panteão divino, e o fato de existir uma deusa não significa absolutamente que havia reciprocidade entre os sexos na antiga Israel. Porém, reconhecer a sua presença na tradição hebraica e o quanto foi difícil a extinção definitiva do seu culto é o primeiro passo para demonstrar que a representação do feminino foi proibida, vinculada ao mal e à ira divina, processo que se repetiria ao longo dos anos nas ocasiões em que se desejou diminuir o poder feminino.

Capítulo 2: Para entender a importância dos mitos.

Ao tratar da história das religiões, é imprescindível citar exemplos que se encontram nos muitos mitos que permeiam as mais diversas culturas e épocas. Durante muitos séculos, desde o período pré-histórico, as pessoas sentiram a necessidade de explicar os fenômenos naturais que aconteciam à sua volta e que não eram facilmente explicáveis com os poucos recursos que tinham. Questões relativas a quem somos, de onde viemos, como as coisas surgem, permeavam as mentes dos homens e mulheres. Da busca de compreender os fenômenos e suas causas, surgiram as primeiras narrativas mitológicas. Atribuindo ao sobrenatural aquilo que não tinham capacidade de compreender, os mitos foram a forma de explicar o princípio das coisas e os mistérios da vida e da natureza. Com o passar dos anos, com o florescimento do pensamento filosófico, mais voltado à razão, o mito foi perdendo a sua importância, porém, nunca foi abandonado ou esquecido.

O momento da mudança do pensamento mítico para o filosófico foi percebido pelo filósofo alemão Karl Jaspers, que concebeu o conceito de Era Axial para designar o período histórico compreendido entre 800 a 200 a.C.[4] Foi durante esses séculos que simultaneamente na China, Índia e Ocidente surgiram os primeiros movimentos filosóficos religiosos. O homem passou a ter consciência de si mesmo e de suas limitações. Opiniões e costumes foram contestados e modificados. Os seres humanos passaram a valorizar a reflexão, a razão e a busca da verdade. Mas a verdade de uma época e lugar nem sempre é a mesma de outro tempo. A verdade dos tempos primitivos era baseada nos mitos e neste novo modo de pensar não havia mais espaço para a mitologia e seus costumes ancestrais estáticos. Se na era mitológica o importante era conhecer o princípio das coisas, na Era Axial a compreensão das modificações foi privilegiada, conforme apregoa Aristóteles: "Para compreender as coisas é necessário vê-las enquanto se desenvolvem".[5]

Mito e filosofia são diferentes modos de explicar a realidade. O mito recorre a forças sobrenaturais para explicar fenômenos naturais e a filosofia busca raciocinar sobre os fenômenos buscando a verdade consciente. Mas como podemos descobrir o que é verdade se ela varia com o tempo e os costumes de acordo com o desenvolvimento intelectual e tecnológico humano? Quando adotamos um método de pensamento em detrimento do outro, perdemos a oportunidade de compreender como era visto o mundo em outros tempos. A filosofia e o posterior desenvolvimento da ciência moderna contribuíram para a quebra de paradigmas e para o desenvolvimento humano. Não há como contestar isso, mas os mitos também contribuíram para formar os homens e mulheres que somos hoje. Deixar de dar a devida importância a cada etapa do desenvolvimento humano é deixar lacunas na nossa história.

Considerados histórias falsas e sem importância, desde o início do desenvolvimento do pensamento racional até o século XIX, aos poucos, os mitos foram recuperando seu prestígio como formas legítimas da religiosidade humana e expressão de uma época que influenciou a nossa formação cultural, social e religiosa. Pesquisadores dedicados ao assunto como o mitólogo romeno Mircea Eliade e o americano Joseph Campbell resgataram os mitos do passado e os que ainda estão presentes em sociedades tribais e tradicionais, modificando o modo de compreender o mito e sua importância.

Pouco conhecidos de grande parcela da população, os mitos têm muito a contribuir para entendermos a relação que os primeiros seres humanos, organizados em primitivas sociedades, nutriam com suas divindades. Para compreender a evolução do papel feminino na religiosidade ao longo da história, é imprescindível compreendermos o significado dos mitos na cultura humana.

Ao longo das eras, os seres humanos organizaram-se em diferentes tipos de sociedade e dentre as mais primitivas, de organização tribal, encontramos os mais diversos tipos de relatos mitológicos transmitidos oralmente que nos interessam por refletirem o interesse e o modo de vida daqueles povos.

Mas, afinal, o que é mito? Mircea Eliade, mesmo admitindo que "o mito é uma realidade cultural extremamente complexa, que pode ser abordada e interpretada através de perspectivas múltiplas e complementares", se propõe a explicar qual seria o seu mais amplo significado. Para ele, a definição que lhe parece a menos imperfeita, por ser a mais ampla, é a seguinte:

(...) o mito conta uma história sagrada; ele relata um acontecimento ocorrido no tempo primordial, o tempo fabuloso do "princípio". Em outros termos, o mito narra como, graças às façanhas dos Entes Sobrenaturais, uma realidade passou a existir, seja uma realidade total, o Cosmo, ou apenas um fragmento: uma ilha, uma espécie vegetal, um comportamento humano, uma instituição. É sempre, portanto, a narrativa de uma "criação": ele relata de que modo algo foi produzido e começou a ser. O mito fala apenas do que realmente ocorreu, do que se manifestou plenamente. Os personagens dos mitos são os Entes Sobrenaturais. Eles são conhecidos sobretudo pelo que fizeram no tempo prestigioso dos "primórdios". Os mitos revelam, portanto, sua atividade criadora e desvendam a sacralidade (ou simplesmente a "sobrenaturalidade") de suas obras. Em suma, os mitos descrevem as diversas, e algumas vezes dramáticas, irrupções do sagrado (ou do "sobrenatural") no Mundo. É essa irrupção do sagrado que realmente fundamenta o Mundo e o converte no que é hoje. E mais: é em razão das intervenções dos Entes Sobrenaturais que o homem é o que é hoje, um ser mortal, sexuado e cultural.[6]

Conforme nos explica Eliade, é grande a importância da tradição mítica na formação do que somos culturalmente hoje. Devemos frisar que, para os povos de organização social arcaica, as narrativas míticas não só tinham um papel central para seus costumes, como eram consideradas sagradas e, portanto, verdadeiras. Elas se referiam a realidades existentes como o mundo em que vivemos e tudo o que conhecemos dele. Para as sociedades arcaicas, os mitos contemplam a memória dos atos dos entes sobrenaturais e demonstram a criação de algo ou estabelecimento de determinado tipo de comportamento que deve ser revivido ritualmente para se entrar em contato com o sagrado. Desta forma, viver e rememorar o mito torna-se uma experiência religiosa por proporcionar o contato com um mundo sobrenatural e divino onde se deixa de viver no tempo cronológico para retornar ao tempo primordial sagrado. "Em suma, os mitos revelam que o mundo, o homem e a vida têm uma origem e uma história que são sobrenaturais, e que essa história é significativa, preciosa e exemplar".[7]

Como o mito demonstra o modo como tudo foi criado, torna-se o modelo de perfeição a ser seguido pelos seres humanos que procuram reviver esses mitos em busca de um retorno ao tempo primordial da criação, quando podem vivenciar momentaneamente a imortalidade inerente aos seres criadores.

Quando perguntados sobre os costumes e o modo de vida que levam, os habitantes das mais diversas tribos que ainda existem, de organização social primitiva, frequentemente respondem que agem deste modo porque foi assim que os ancestrais míticos ensinaram, era como os deuses faziam no princípio. As histórias que contam como o mundo foi formado, de que maneira e como as divindades realizavam as primeiras atividades na Terra passam a ser uma espécie de lei que deve ser seguida ao longo das gerações definindo o modo de se relacionar entre as pessoas de um mesmo grupo social. Conforme as mulheres e homens primitivos entendiam a criação dos seus mundos conhecidos, foi formada uma regra de conduta que deveria ser seguida indefinidamente em honra à sabedoria dos divinos ancestrais protagonistas das mitologias.

Os seres que permeiam o universo mitológico podem ser deuses ou entes sobrenaturais que atuam como criadores, heróis e moralizadores, com poderes miraculosos que transcendem o mundo cotidiano. Eles pertencem a outra época, mas os ecos de seus feitos são sentidos até os dias de hoje nas mais diversas manifestações naturais e culturais. Se o mundo existe e nós existimos, tudo como conhecemos hoje se deve aos primeiros seres criadores e ao resultado da nossa interação com eles. Eliade exemplifica essa relação causa-efeito da seguinte forma:

(...)uma certa tribo vive da pesca, e isso porque, nos tempos míticos, um Ente Sobrenatural ensinou seus ancestrais a apanhar e a cozer os peixes. O mito conta a história da primeira pescaria, efetuada por um Ente Sobrenatural, e dessa forma revela simultaneamente um ato sobre humano, ensina aos homens como devem efetuá-lo por seu turno e, finalmente, explica por que essa tribo deve nutrir-se dessa maneira.[8]

Costumes antigos passam a ser repetidos indefinidamente com a justificativa considerada inequívoca de que seres superiores a nós e mais sábios assim decidiram que deveria ser.

Os mitos tornaram-se conhecidos e eternizados ao serem recitados ritualmente. Em geral as histórias particulares de mitos de criação são acompanhadas de relatos cosmogônicos que explicam como o nosso universo, ou, pelo menos, o universo conhecido pelos narradores, foi criado. É necessário conhecer o princípio das coisas para que tudo funcione de maneira perfeita.

O mundo conhecido na era mítica era composto do cenário familiar em que viviam as sociedades e seus ciclos naturais, diferindo de uma cultura para outra. A cada fim de um ciclo, conforme cada povo entendia seus anos, uma cerimônia era realizada para recriar ritualmente o mundo, venerar o ancestral supremo, iniciar os jovens na vida adulta, relembrar a criação original e permitir que tudo continuasse a fluir como no início dos tempos. Essa necessidade de renovação do mundo foi encontrada igualmente em sociedades primitivas, entre as quais as mesopotâmicas, egípcias e hebreias. Outra característica comum a estas culturas é a ideia de que a perfeição estava no princípio e de que o tempo e a ação do homem a corromperam durante os diversos ciclos cósmicos posteriores. A busca de um retorno a essa perfeição inicial deu origem à escatologia, que trata do fim das coisas. Para que o novo pudesse renascer em sua pureza era necessária a destruição do antigo deteriorado. Assim a escatologia, que prevê o fim dos tempos que conhecemos, é acompanhada do reinício de um mundo renovado coordenado pelos deuses criadores.

Os mitos do fim do mundo, que relatam catástrofes naturais de grande intensidade, são um exemplo escatológico clássico e estão presentes nas mais diversas culturas, sendo que os mais comuns são os mitos de dilúvio. A falha no ritual mítico, o pecado de desobediência às leis prescritas e a decrepitude e corrupção do mundo provocam a ira da divindade que decide destruir a criação para que ela possa ser renovada de forma perfeita com uma humanidade regenerada. Encontramos exemplos de mitos diluvianos universais entre os egípcios, escandinavos, mesopotâmicos, gregos, hindus, maias, hebreus e muitos outros.

Com o poder de criação e destruição, de decidirem costumes, de legislar e de serem responsáveis pelo destino da humanidade, os seres mitológicos com suas características divinas e inalcançáveis ditaram a maneira de se relacionar nas sociedades primitivas. Com a inegável influência e poder que adquiriram ao longo de séculos, os mitos moldaram o comportamento social e as relações de poder influenciando profundamente o papel das mulheres nas religiões derivadas das diversas crenças mitológicas ao longo da História. No próximo capítulo veremos, com mais detalhes, relatos de mitos que envolvem a participação do princípio feminino personificado pelas deusas.

Capítulo 3: Sobre deusas e mães ancestrais

Durante um discurso na *Pontifícia Academia de Ciências* em outubro de 2014, o Papa Francisco afirmou que "o *Big Bang* não contradiz a intervenção criadora, mas exige" e acrescentou que "a evolução da natureza não é incompatível com a noção de criação, pois exige a criação de seres que evoluem". O papa criticou ainda aqueles que leem o livro do *Gênesis*, que relata a origem do mundo, e pensam que Deus agiu como um mago. "Não é assim", explica.[9] A fala do Papa indica uma disposição de entender o relato da criação no *Gênesis* como uma narrativa mítica, que não deixa de ter importância, mas que não deve ser entendida literalmente, revelando ainda uma tendência crescente de muitas religiões de buscarem a harmonização com a ciência. A negação das descobertas científicas e a falta de compreensão da presença dos mitos nos relatos religiosos fez com que muitos fiéis se afastassem das religiões, principalmente a partir do século XX.

Apesar da tendência à secularização, que surgiu com o grande avanço científico dos últimos tempos, e da declaração de Nietzsche de que "Deus está morto! Deus permanece morto! E quem o matou fomos nós!"[10], as religiões estão mais vivas do que nunca. A ciência e seus avanços não conseguiram até hoje explicar todas as coisas e, ademais, não suprem a necessidade que muitos seres humanos têm do consolo e da esperança que encontram no sagrado. Por este motivo, o estudo das religiões e o entendimento do seu papel nas sociedades primitivas e modernas é bastante relevante.

Conforme o próprio Papa insinua, a criação não ocorreu em seis dias e tampouco Adão e Eva foram os primeiros seres humanos. O princípio da nossa história humana remonta a milhões de anos. Se quisermos entender a formação da religiosidade humana, é preciso retornar ainda mais ao passado, ao tempo que ainda não havia escrita, mas que os seres humanos já demonstravam um intercâmbio com o divino.

Em todas as sociedades sempre houve algum tipo de manifestação religiosa, ainda que variasse em muito a sua forma de expressão e adoração. Portanto, é necessário o estudo das primeiras manifestações da relação do humano com o sagrado para traçar uma linha temporal que auxiliará o entendimento da evolução das religiões até os dias atuais.

Não é tão fácil compreender as religiões no período pré-histórico pelo fato das tradições serem orais e dos materiais serem escassos. Mas a essência da religiosidade primitiva pode ser captada por meio das descobertas arqueológicas, do estudo antropológico e das manifestações artísticas da época.

Alguns estudiosos, no final do século XIX e início do século XX, fizeram importantes análises para compreender as religiões. O Canadense Grant Allen (1848 - 1899), em sua obra *A evolução da ideia de Deus*, afirmava que o protoplasma da ideia de Deus é o culto aos mortos. Émile Durkheim (1858 - 1917) entendeu que a vida religiosa era a maneira pela qual as pessoas entendiam a sociedade e que as criações religiosas e seus símbolos serviam para reafirmar os seus valores sociais. Deste modo, as práticas e crenças de tempos passados seriam material para inferir as religiões primitivas. Max Müller (1823 – 1900) acreditava que a religião começou quando as pessoas perceberam que havia algo não finito como o resto e que essas forças de poderes desconhecidos influenciavam em suas vidas, como o Sol, a Lua, a chuva, os ventos.[11] Destas observações nasceria a religiosidade, baseada na percepção do infinito por meio de determinadas manifestações capazes de influenciar o caráter moral do homem. Desde então, muitos foram os cientistas que buscaram identificar em suas ciências a raiz e os modos de manifestação das religiões. Descobertas arqueológicas recentes continuam modificando a história da religiosidade e trazendo novas luzes para o assunto.

Remontando ao princípio da história humana, temos o chamado período Paleolítico, que se inicia a cerca de 3 milhões de anos e vai até 10.000 a.C. aproximadamente. Nesta época, os primeiros indícios de práticas religiosas são encontrados nos sepultamentos rituais, que denotam uma preocupação com a vida após a morte. Junto aos corpos, cuidadosamente acomodados em cavernas, foram encontrados adereços, pinturas e inúmeras estatuetas femininas que registram as práticas de um primitivo culto à fertilidade. Esculpidas em ossos ou pedras, elas possuíam seios e ventres volumosos, com a vulva sempre à mostra e representavam a Grande Deusa, ou Grande Mãe. Na religião paleolítica, a figura feminina é central, donde se infere que as primeiras divindades eram femininas. Na pré-história, reinavam as deusas.

No período Neolítico, as mudanças climáticas, a mudança da paisagem e a criação de ferramentas favoreceram a domesticação das plantas e o surgimento da agricultura. A passagem da situação humana de nômades caçadores e coletores para agricultores sedentários modificou profundamente as relações sociais e os primeiros núcleos familiares e tribais começaram a se instalar.

Segundo Zuleika Alambert:

> Na aurora da humanidade não podemos falar de desigualdades entre o homem e a mulher. Naquele tempo não existiam povos, nem estados separados; os seres humanos viviam em pequenos grupos (hordas) e, depois em famílias e tribos. (...) os seres humanos tinham que se manter agregados e solidários entre si, para sobreviver e se defender dos animais ferozes e das intempéries. Quem se marginalizava perecia.[12]

Neste tipo de organização, nos esclarece Zuleika, a mulher trabalhava a terra, domesticava animais, cuidava das crianças, velhos e doentes, criava vasilhames, usava o fogo, preparava medicamentos, enquanto o homem caçava em busca de mais alimentos.

Os estudiosos concluíram que as mulheres da época eram as responsáveis pela coleta de frutos e raízes e, ao observar que as sementes que caíam davam origem a novas plantas, teriam então inventado a agricultura. Naquele momento, as mulheres tornaram-se os membros mais importantes para a sobrevivência das tribos. O seu poder de produzir a vida, tanto no ventre como na terra, foi notado e começou a ser reverenciado.

Baseada na agricultura e seus ciclos de nascimento, morte e renascimento, a religiosidade neolítica inspirava-se no poder "mágico" das mulheres de produzir a vida. Sua fecundidade trazia a fertilidade dos campos que era fundamental para a sobrevivências dos clãs. A mulher, que teve um papel decisivo para a domesticação das plantas, era detentora do mistério da criação e foi responsabilizada pela abundância das colheitas. Porém, quando os perigos e as perdas nas lavouras apareceram, estes passaram a ser representados nos mitos, marcando o florescimento do culto à Deusa, que era vista como entidade criadora e protetora, mas que também tinha um potencial destruidor quando não era devidamente reverenciada.

Mircea Eliade relata que a principal divindade era a deusa que se apresentava sob três aspectos diferentes: mulher jovem, mãe dando à luz ou idosa. A divindade masculina aparecia como o rapaz jovem filho ou amante da deusa, ou um adulto barbudo montado em um animal sagrado.[13]

Conforme a linguagem se desenvolvia, as famílias transmitiam às crianças o modo como compreendiam a vida e os relatos mitológicos que os auxiliavam a explicá-los e, em cada grupo, segundo suas particularidades, foram sendo desenvolvidas religiosidades diversas. Em muitas delas encontramos presenças de deusas femininas e mães primordiais que traduzem a maneira de pensar da cultura e sociedade antigas.

Os relatos místicos envolvendo seres divinos tornaram-se o modo dos povos explicarem aquilo que transcende o real. Como só podemos imaginar algo que conhecemos, os deuses primitivos passaram a possuir características e sentimentos humanos e formas antropomórficas. A muitos deles foram atribuídos poderes relativos às manifestações da natureza com controle sobre a criação e destruição. Pares divinos representados pelo Sol (masculino) e a Lua (feminino), muitas vezes irmãos e amantes ao mesmo tempo, eram constantes em diversas religiões. A mulher, com seu poder de gerar a vida, foi amplamente representada nos mitos de criação, assim como a sexualidade era vista como sagrada, já que é por meio da união sexual que renascem os corpos.

Para ilustrar as diversas manifestações do feminino nas religiões primitivas, é interessante conhecer alguns mitos cosmogônicos que trazem a mulher como criadora divina.

Encontramos muitos exemplos de deusas e mães primordiais nos mitos antigos. Martha Robles, em seu livro *Mulheres, mitos e deusas*[14], nos brinda com diversas narrativas de mulheres que tiveram participação no sagrado desde os primórdios aos dias atuais. Uma dessas mulheres deusas foi Ísis, da mitologia egípcia.

As fontes para o estudo da mitologia egípcia são variadas e muito se descobriu pelos achados arqueológicos provenientes da exploração de templos e pirâmides ricamente adornados com pinturas e hieróglifos, estátuas e túmulos. Em relação às fontes escritas dos egípcios, não há obras que sistematizem de forma clara e organizada as suas crenças. Porém, há três obras principais que os estudiosos modernos utilizam no seu estudo: o *Livro das Pirâmides*, o *Livro dos Sarcófagos* e o *Livro dos Mortos*. Há também fontes posteriores como relatos de Heródoto (século V a.C.) e Plutarco (século I d.C.).

A *Pedra de Roseta*, que contém textos correspondentes em grego e egípcio antigo, descoberta no delta do Nilo em 1799 por uma expedição francesa liderada por Napoleão Bonaparte, foi o primeiro documento descoberto que proporcionou o entendimento dos hieróglifos egípcios e sua tradução para línguas modernas e, desde então, os conhecimentos sobre a religiosidade egípcia só têm aumentado.

O panteão egípcio é formado de muitos deuses com formas de animais (zoomorfismo) ou animais e homens mesclados (antropozoomorfismo). Há também vários relatos cosmogônicos (relativos à criação do universo) e teogônicos (criação dos deuses). O deus mais importante é Rá, que chegou a ser cultuado como deus único por um curto período no reinado de Akenaton.

A narrativa de Ísis é encontrada na *Enéade* de Heliópolis[15] e possui variações conforme a fonte, sendo Plutarco, filósofo e escritor grego, um importante autor a escrever sobre o mito.

A origem dos deuses egípcios é descrita assim: no princípio havia o oceano primordial, o caos chamado Nun, do qual se originou Atum, o primeiro deus. Este criou Shu, deus do ar e Tefnut, deusa da chuva, formando o primeiro par gerador. Naquela época e em mitos posteriores inspirados naqueles relatos, a criação divina era sempre feita aos pares, com a participação tanto masculina, quanto feminina. Shu e Tefnut tiveram dois filhos: Geb, deus da terra e Nut, deusa do céu, que geraram dois pares de filhos: Osíris e Ísis e Seth e Néftis.

Osíris e Ísis tornaram-se, além de irmãos, cônjuges, e o mesmo aconteceu com Seth e Néftis. O conceito de incesto como algo pecaminoso e proibido não existia. Se eles foram os primeiros deuses a serem criados, era natural que se reproduzissem entre si.

Ísis e Osíris governavam as terras férteis do Egito e ensinavam aos homens o plantio, a adoração aos deuses e o culto, criando um código de leis para conduzir o povo. Quando Osíris viajava pelo mundo para ensinar outros povos, Ísis governava em seu lugar, denotando parceria e não competição entre o masculino e o feminino. Em mundos harmônicos esta é a tendência: igualdade. Mas a paz foi ameaçada pela cobiça de Seth, deus irmão de Osíris e Ísis.

Seth, com inveja, planejou a morte do irmão para usurpar seu lugar. Segundo Plutarco[16], Seth mandou fazer um sarcófago do tamanho exato de Osíris e em uma festa propôs um desafio: aquele que coubesse perfeitamente no caixão seria o vencedor. Osíris, assim que entrou no sarcófago, foi preso e atirado no Nilo. Seth assumiu o trono e Ísis saiu em desespero a procura do seu amado.

Ísis resgatou do rio o cadáver de Osíris e o escondeu, mas Seth o encontrou e então o esquartejou, espalhando suas partes por todo o Egito. Ísis retomou a busca dos restos mortais com a ajuda de sua irmã Néftis e de Anúbis, o deus chacal, que farejava as partes do cadáver de Osíris. Os pedaços foram encontrados e unidos, com exceção do falo, que havia sido engolido por um crustáceo. Os deuses juntaram as partes e Anúbis, conhecendo a arte do embalsamamento, mumificou o corpo. Ísis conduziu uma cerimônia mágica e pronunciando diversos encantamentos transformou-se em falcão criando um sopro de vida em suas asas que fez com que Osíris ressuscitasse dos mortos. Este, renascido e mesmo sem o falo, fecundou Ísis que se escondeu para proteger seu filho Hórus. Quando cresceu, Hórus ocupou o lugar de Seth no governo do Egito e continuou garantindo a ordem divina e a paz. Osíris, não podendo mais viver sobre a terra, passou a ser o governante do mundo dos mortos de onde preside o tribunal que julga todas as almas. Osíris, Ísis e Hórus formam a trindade principal do panteão egípcio.

Alguns aspectos interessantes podem ser extraídos dessa narrativa, que representa um dos muitos mitos agrários com seus ciclos de nascimento, morte e renascimento. As estações do ano, as cheias e secas do Nilo, a colheita e o plantio são representados na morte e renascimento de Osíris. As paixões humanas estão presentes nos sentimentos e ações dos deuses como: ciúme, vingança, lealdade, amor e sentido de família. A dualidade, presente na maioria das religiões, é demonstrada pela oposição do bom e do mau mas adquirem um sentido de complementariedade. É necessária a presença de dois para novas criações e Ísis, representando o feminino, destaca-se como mãe que origina uma nova geração divina, mas também como companheira de Osíris no governo do Egito. Ísis é persistente em sua busca, luta para recuperar seu marido, protege seu filho e vitoriosa atravessa as fronteiras da morte para conseguir o que deseja. Ísis é uma esposa fiel, uma mãe dedicada, mas não é submissa e representa o ideal de mulher na sociedade egípcia antiga, demonstrando que a concepção do sagrado feminino e suas características variou nas épocas e nas sociedades diversas.

No Egito Antigo havia uma estrutura social hierarquizada, constituída por critérios econômicos e religiosos, no entanto, a posição da mulher na sociedade era bem próxima a do homem. As mulheres podiam ter propriedades e remuneração, mas havia grande diferença entre as condições das camponesas e das mulheres nobres. Apesar da discriminação sofrida pelas mulheres ao longo da história, a figura feminina no Egito, se comparada a outras civilizações antigas, com certeza gozava de uma posição social e jurídica privilegiada.[17]

Na mitologia egípcia, o aspecto da morte é visto como uma passagem para uma outra dimensão e o julgamento realizado é moral. Não é o pertencimento a determinada religião que garante a vida eterna, mas são as ações éticas que o ser realizou em vida que são avaliadas quando Osíris preside seu julgamento e pesa o coração do morto contrabalançando com uma pena. A narrativa mitológica religiosa já apresenta um caráter de controle da moralidade dos adeptos, porém, não há um conceito de céu e inferno como conhecemos atualmente.

Alguns estereótipos religiosos já estão presentes, como a deusa que sai à procura de um ente querido desaparecido, que se repetirá nas histórias de Freya (nórdica) e de Deméter (grega), que também faz par com seu irmão e marido Zeus. Os pares divinos, muitas vezes irmãos, são constantes nas religiões politeístas como a dos índios americanos. As mitologias narram histórias de gêmeos que representam princípios diferentes relacionados a um choque de culturas, por exemplo, entre caçadores e coletores. A trindade divina é outro tema recorrente nas religiões e se repete na religião hindu com Brahma, Shiva e Vishnu. A gravidez miraculosa que gera um salvador se repetirá no cristianismo com Maria e no budismo com o nascimento de Buda cuja mãe, Maya, teria engravidado ao ser penetrada por um deus em um sonho. Aliás, mulheres que engravidam de deuses são mitos comuns, principalmente na mitologia greco-romana, como Europa, mãe do Minos, de cuja família nascerá o Minotauro, híbrido humano touro, e Alcmena, mãe de Hércules. Quanto à concepção virginal, encontramos, além de Maria, mãe de Jesus, a virgem vestal Rea Silvia, que engravidou de Marte e gerou Rômulo e Remo, fundadores de Roma, e até mesmo na mitologia Tupi, no mito de Ceuci, mãe de Jurupari.

No caso específico da gravidez miraculosa, é comum aos crentes argumentarem que não se trata de mito quando é referente à sua crença e o oposto quando se refere às outras. Aos céticos, que não creem ser possível uma mulher engravidar sem a participação de um homem, fica a impressão de que é uma desculpa conveniente para explicar uma gravidez de outro parceiro. Independente do ponto de vista, não há como negar que a preocupação com a castidade foi algo que não estava presente nos primórdios das religiões, mas que foi imposta conforme a sociedade foi se tornando cada vez mais controlada pelos homens que, ao transmitir seu poder e herança para a sua prole, queriam se certificar de que os filhos eram mesmo deles, exigindo que suas esposas fossem virgens, castas e fiéis. O fim da igualdade de oportunidade entre os gêneros nas tribos primitivas e o desenvolvimento da sociedade patriarcal impôs a necessidade de garantir a hereditariedade, fazendo com que a virgindade feminina passasse a ser fundamental.

Raros são os mitos, no entanto, que representam as mulheres como heroínas. Como as mulheres, em geral, permanecem em casa para o cuidado da prole, dada a necessidade da amamentação, por exemplo, o homem assume o protagonismo nos mitos de herói. Isso não quer dizer que a mulher não tenha seu lugar de destaque. Entre os astecas havia vários céus para onde as pessoas iam de acordo com o mérito de suas vidas e o tipo de morte. O mesmo céu que abrigava os guerreiros mortos em batalha era reservado para as mulheres que morriam no parto. Dar à luz era considerado um ato heroico e quando a mulher abria mão da própria vida para trazer ao mundo um novo ser, este ato era reconhecido.

Algumas civilizações tiveram e ainda têm uma certa igualdade entre os deuses masculinos e femininos, como a hindu. O hinduísmo é uma das religiões mais antigas do mundo originando-se no vale do Rio Indo, atual Paquistão. Os *Vedas* são as fontes principais para conhecermos as origens e símbolos do hinduísmo. Algumas histórias de seus deuses e deusas são muito interessantes.

Na Índia, encontramos símbolos religiosos em forma de falo (lingam) e vagina (yoni) que representam os deuses geradores masculino e feminino respectivamente. O sexo é considerado sagrado porque encerra o mistério da geração da vida e da conjunção criativa. O ato de gerar uma vida é considerado cósmico, transcendente.

A principal cerimônia religiosa védica era o sacrifício ritual e a partilha da carne sacrificada entre humanos e *devas*, os deuses. No ritual de sacrifício do cavalo, simbolicamente, a esposa do rei praticava alguma espécie de sexo simulado com o garanhão morto que representava o deus criador Prajapati. Com o ato ritual o poder do deus penetrava na rainha e por intermédio dela passava para o rei e consequentemente para o povo.[18] Mulheres sacerdotisas hindus eram frequentemente vistas como intermediárias entre humanos e deuses.

O poder da deusa no hinduísmo pode ser exemplificado na história de Maya Shakti Devi, a deusa doadora da vida e mãe de todas as formas.[19] Os deuses védicos estavam reunidos e se depararam com uma espécie de neblina amorfa. Curiosos, os deuses tentaram descobrir o que ela era. Agni, o deus do fogo, perguntou quem era aquela coisa enfumaçada. Do meio da neblina surgiu um pedaço de palha que caiu no chão. Agni, o deus do fogo, mesmo tendo o poder de queimar qualquer coisa, não conseguiu destruir a palha. Vayu, o deus do vento, também tentou sem sucesso remover a palha. Este foi seguido por Indra, o maior dos deuses védicos, que ao chegar próximo da palha viu surgir da fumaça a figura de uma misteriosa mulher. Ela então revelou que o mistério da palha nada mais era do que o supremo mistério de todo o ser do qual os próprios deuses obtinham seus poderes e sendo assim era possível tanto colocar em ação os poderes quanto neutralizá-los. A deusa Maya foi aquela que ensinou aos deuses védicos sobre a origem e a essência dos seus poderes, revelando-se a sabedoria feminina.

As mulheres hindus participavam ativamente da vida religiosa na Índia Antiga. Além dos ritos públicos já descritos, havia ritos domésticos inspirados nas várias etapas da vida: concepção, nascimento, iniciação, casamento e morte, acontecimentos que estão intimamente conectados com a participação feminina, principalmente na vida familiar.

De acordo com o texto hindu *Leis de Manu* (séc. II a.C. a séc. III d.C.), o casamento correspondia à iniciação védica da mulher. O casamento e a geração de filhos era, portanto, fundamental para a mulher indiana. No *Mahabharata*, texto que narra a grande epopeia indiana, há uma história de luta entre Arjuna, um semideus da família Pandava, e Aswatthaman, guerreiro Kaurava, que lançam simultaneamente armas poderosas um contra o outro. Arjuna consegue controlar a raiva e recolher o disparo, seu oponente, não conseguindo dominar completamente a sua fúria, apenas desvia o tiro que atinge o ventre das esposas dos Pandavas provocando a esterilidade permanente e o fim da linhagem. O tema esterilidade, como forma de punição divina, é recorrente em outras religiões que primam pelo grande número de descendentes, como, por exemplo, a judaica.

Outra vertente da religião védica foi expressa nos livros sagrados conhecidos como *Upanishads*. Os rituais exteriores foram reinterpretados, enfocando a introspecção e a busca do conhecimento do seu eu interior. *Upanishad* significa "sentar perto de". O conhecimento era transmitido pelos sábios a alguns poucos discípulos escolhidos que se sentavam aos seus pés. Havia uma competição entre os sábios que consistia em um diálogo em que os participantes tentavam formular o mistério de *brahman*, o todo, a realidade suprema da religião védica. A competição sempre terminava em silêncio, indicando que não é possível compreender com exatidão a realidade transcendente. Mulheres eram aceitas para participar dessa disputa denominada *brahmodya*, como, por exemplo: Gargi Vacakavi e Maitreyi, esposa de Yajnavalkya, sábio upanishádico e filósofo pessoal do rei de Videha.[20]

Ainda com base na mitologia hindu, podemos perceber o aumento da influência dos deuses masculinos e a consequente perda do poder feminino no mito da deusa Tiamat, fato que ocorreu por causa de disputas territoriais e assimilação de culturas estrangeiras. Muitas cidades primitivas hindus cultuavam esta deusa. Na época do surgimento da Babilônia, povo imperialista, seu principal deus era Marduk. Quando os babilônios conquistavam novos povos, promoviam seu deus a senhor absoluto e relegavam as demais divindades ao esquecimento. Uma eficiente maneira de conseguir isso era criar uma narrativa mitológica em que os deuses anteriores fossem aniquilados. Foi o que aconteceu com Tiamat.

Conta-se que houve um grande encontro de deuses masculinos no céu, cada qual era uma estrela. A deusa Tiamat, o Abismo, a fonte inexaurível, chegou na forma de um grande dragão provocando o temor nos deuses. Marduk, considerado pelos babilônios o maior deus de todos, arquitetou um plano. Quando Tiamat abriu a boca, Marduk despejou todos os ventos em sua garganta até que ela explodiu em vários pedaços. Ele os recolheu e enfeitou a terra e o céu com seus pedaços. Acontece que, nas velhas mitologias, a deusa mãe já era considerada o universo. Quando o mito apresentou Marduk utilizando os pedaços de Tiamat para construir o universo, ele próprio revogou a crença anterior usurpando o poder criador. O mito de orientação masculina se impôs e a deusa perdeu seu prestígio primordial.

As grandes civilizações ocidentais da antiguidade também tiveram seus mitos. A mitologia grega se inspirou nos mitos egípcios para criar seus próprios relatos divinos. As conquistas de Alexandre, o Grande, facilitaram o intercâmbio cultural entre os povos mediterrâneos. Os romanos, por sua vez, ao expandirem seu império apropriaram-se dos deuses gregos e houve nova incorporação destes à mitologia romana. O intercâmbio mitológico entre gregos e romanos foi tão significativo que costumamos nos referir às duas como uma só, mitologia greco-romana.

A religião romana foi baseada na observância de ritos e cultos aos deuses que contribuíam para a prosperidade e bem-estar do povo. Não eram exclusivistas em relação aos deuses. Não havia um deus certo, o importante não era a crença em si, mas a maneira adequada de cultuá-los para garantir os seus favores divinos e a integridade do império.

Entre as diversas narrativas mitológicas e religiosas greco-romanas encontramos muitos relatos sobre deusas. Um desses exemplos é encontrado nas histórias das deusas gregas do Olimpo: Hera, Deméter, Ártemis, Atenas, Héstia, Afrodite e Perséfone que tem suas origens contadas por Hesíodo na obra *Teogonia*, um poema épico que narra a origem e a genealogia dos deuses gregos, considerado o mais antigo tratado de mitologia grega que foi preservado até os dias atuais. Após a conquista da Grécia pelo Império Romano em 148 a.C., as mesmas deusas foram cultuadas pelos romanos com outros nomes: Juno, Ceres, Diana, Minerva, Vesta, Vênus e Coré respectivamente.

A psicanalista americana Jean Shinoda Bolen, inspirada pelos arquétipos de Jung, formulou uma interessante teoria na qual relaciona as mulheres contemporâneas às deusas gregas acima citadas. No livro *As deusas e a mulher*, Jean Bolen afirma que todas as mulheres têm sua deusa interior e que a identificação da sua deusa predominante proporciona informações úteis para o autoconhecimento e auxilia o terapeuta a estabelecer o potencial para dificuldades psicológicas e sintomas psiquiátricos, demonstrando que o conhecimento da mitologia antiga pode ser útil para a compreensão da mulher contemporânea.

As deusas são diferentes e possuem caracteres positivos e negativos e seus mitos revelam suas preferências e modo de superar seus problemas. Quando a mulher tem consciência do arquétipo da deusa que domina a sua personalidade, compreende seu poder e aprende a utilizar essa característica a seu favor.

Para melhor compreensão, esclareço que, etimologicamente, arquétipo significa modelo primitivo, ideias inatas. Na Psicologia Analítica, significa a forma imaterial à qual os fenômenos psíquicos tendem a se moldar. O psicanalista usou o termo para se referir a estruturas inatas que servem de matriz para a expressão e desenvolvimento da psique humana. Ele explica que "no concernente aos conteúdos do inconsciente coletivo, estamos tratando de tipos arcaicos – ou melhor – primordiais, isto é, de imagens universais que existiram desde os tempos mais remotos"[21]

Não é objetivo deste livro tratar de psicologia, no entanto, traçando um caminho reverso ao de Jean Bolen, percebemos que a representação arquetípica das deusas nos é útil para compreender as características das divindades greco-romanas e a relação das mulheres com as deusas naquela época.[22]

Jean Bolen dividiu as deusas em três categorias: as deusas virgens, as deusas vulneráveis e as deusas alquímicas ou transformativas. Modos de pensar e agir e fatores que as motivam são distintos em cada grupo e formam um padrão reconhecível.

O grupo das deusas virgens é composto pelas deusas: Ártemis, Atenas e Héstia, que representam a independência e a autossuficiência femininas. As emoções e afetos não as desviam de seus objetivos e da realização de seus desejos. O casamento na antiguidade era fator de opressão feminina. Recusando-se a ter um parceiro, a mulher teria um grau maior de independência.

Ártemis, a deusa da caça, competidora e arqueira, personifica a independência feminina, aquelas que fazem suas próprias escolhas.

Atenas, a deusa da sabedoria e das artes, destacava-se pela estratégia nas batalhas e soluções práticas. De mente lógica, prima pela razão.

Héstia era a deusa protetora dos lares e templos, representada pelo fogo na lareira. Sendo a mais velha das deusas, possuía sabedoria com harmonia interior, traduzindo paz e tranquilidade.

As deusas vulneráveis são: Hera, Deméter e Perséfone. Elas representam os papéis tradicionais de esposa, mãe e filha. Sua felicidade e completude dependem de estarem em relacionamentos. Necessitam de vínculos e são sensíveis. Elas foram violadas, raptadas, humilhadas ou dominadas por deuses e sofriam quando um afeto era rompido, apresentando sintomas característicos de distúrbios psicológicos.

Hera, esposa de Zeus, principal deus do Olimpo, era a deusa do casamento e representa a mulher que não se sente completa sem um companheiro. Apresenta comportamento ciumento e vingativo em relação às mulheres pelas quais foi traída.

Deméter, a deusa dos cereais e da colheita, personifica a maternidade na sua busca de recuperar sua filha Perséfone, que foi raptada. É predisposta à depressão e frustração quando não consegue exercer seu papel maternal, atividade mais importante de sua vida. Pode se satisfazer com trabalhos que exigem cuidados e dedicação ao próximo como: enfermeira e professora.

Perséfone, deusa das ervas, flores e frutos, apresenta duas personalidades, a da jovem vulnerável e a de rainha do inferno, influenciando as mulheres com dois arquétipos diferentes. Raptada por seu tio Hades, foi condenada a dividir seus dias entre o mundo inferior, na época do outono e inverno, e o Olimpo, nas estações do verão e primavera. É sua característica ser camaleoa.

O terceiro e último arquétipo é o da deusa alquímica representada por Afrodite, a deusa do amor e da beleza. Sendo a mais bela das deusas teve muitos amantes e gerou muitos descendentes. Representa a sexualidade, a atração erótica e a vida nova. Nunca foi ludibriada e sempre escolheu seus parceiros. Apresenta características das deusas virgens, porém, viveu relacionamentos. As mulheres regidas por Afrodite buscam intensidade em seus relacionamentos, valorizam o processo criativo e são receptivas às mudanças. Ela nos mostra que não é necessário renunciar a um relacionamento amoroso ou à maternidade para manter a sua vontade e personalidade.

Podemos perceber que as deusas gregas eram muito humanas, apresentando características de personalidade que facilitavam a identificação das mulheres com elas. Demasiado humanos também eram os deuses masculinos que usavam seus poderes para seduzir, submeter e estuprar mulheres e deusas.

O estupro, aqui considerado como sexo não consentido, é constante nas narrativas mitológicas greco-romanas e vários foram os artifícios utilizados pelos deuses para enganar e possuir suas parceiras. Júpiter tomou Europa à força ao se transformar em um touro branco e raptá-la. Ele a aprisionou na ilha de

Creta e a engravidou três vezes ao longo do tempo. Helena de Troia, a rara filha mulher de uma união deus-humana, foi gerada quando Zeus se transformou em cisne para se aproximar de Leda. Alcmena foi iludida por Zeus, que se metamorfoseou para que ela pensasse que era seu marido e assim tivesse relações sexuais com ele. Desta união nasceu Hércules, que foi rejeitado pela mãe após descobrir o engodo.

Esse comportamento impositivo em relação à sexualidade feminina refletia o pensamento masculino da época, que as tratava como bens pessoais, como posses. Seu valor era medido pela geração de descendência para o homem. Mulheres eram consideradas espólios de guerra, objetos de que os guerreiros desfrutavam sem a menor consideração. Em uma sociedade que tratava a sexualidade feminina como posse masculina, o único consentimento que contava era o do proprietário da mulher, o homem que detinha os direitos sobre sua capacidade reprodutiva, tradicionalmente seu pai, noivo ou esposo. Nossa luta pelo direito de decidir o que fazer com nosso corpo e nossa sexualidade foi dificultada e atrasada pela presença de textos antigos que imputavam a deus os desejos e atitudes egocêntricas dos homens.

As cidades-estado gregas, conhecidas como *pólis,* eram agressivamente masculinas. Em Atenas, por exemplo, as mulheres eram marginalizadas e confinadas ao lar no pátio interno, local exclusivamente feminino chamado gineceu, onde educavam os filhos e realizavam as tarefas domésticas. As mulheres, assim como os escravos, eram proibidas de tornarem-se cidadãs gregas. A família era a base da sociedade, mas na Grécia, muitas vezes, a harmonia do lar era rompida transformando-se em palco de disputa. Esse quadro de desarmonia familiar e social era refletido nas disputas familiares dos deuses, como no caso do deus Cronos que castrou o próprio pai e depois engolia os seus filhos, até que sua esposa Réia conseguiu enganá-lo e salvar Zeus, que adulto, obrigou o pai a vomitar seus irmãos. Cronos e Zeus, pai e filho, representantes dos Titãs e dos Olímpicos combateram durante dez anos em uma guerra cósmica que teve fim quando Zeus aprisionou os Titãs no Tártaro, local obscuro das profundezas da terra.

As deusas também eram vingativas e passionais. Hera, esposa de Zeus, rejeitou seu filho recém-nascido, Hefestos, e o jogou na Terra. Vítima constante das traições do marido, tramou o assassinato de Dioniso, filho de Zeus com a mortal Sêmele, e como não obteve sucesso, Hera o enlouqueceu. Fez o mesmo com Hércules, outro filho de Zeus, colocando uma serpente em seu berço e depois o deixando louco, ao ponto de Hércules ter matado sua própria esposa e filhos.

Os Olímpicos eram também cruéis com os humanos, tomando partido nas guerras e disputas e, por isso, os gregos nunca se sentiram totalmente donos do seu destino, crendo ser impelidos pela vontade dos deuses.

Uma característica interessante de algumas deusas olímpicas era que elas poderiam desaparecer subitamente. No templo de Hera, na ilha de Samos, a efígie que a representava desaparecia todo ano do santuário. Quando os habitantes a encontravam, a purificavam e prendiam com cuidado para que não escapasse novamente. O desaparecimento de Hera, considerada a mãe da vida, ameaçava toda a ordem natural. Os ritos de desaparecimento representavam a importância de superar as perdas.

Deméter também foi uma deusa que sumiu do Olimpo no período em que buscou sua filha Perséfone, que havia sido raptada por Hades. O mito inspirou um ritual no qual durante três dias as mulheres casadas da comunidade deixavam os maridos e desapareciam, como Deméter. Elas amaldiçoavam ritualmente os homens e durante o período a cidade se desorganizava por completo. A vida familiar, base da sociedade, desintegrava-se e o povo rememorava a catástrofe cósmica que ameaçou o mundo quando Deméter retirou seus privilégios. Ao final da festa, as mulheres retornavam aos lares e tudo voltava ao normal.[23] A mulher era fundamental para a harmonia do lar e da organização social e seu poder era sutil, mas imprescindível para a sociedade grega. Os dias de "desaparecimento" talvez representassem uma pausa bem-vinda na rotina da mulher que cuidava da casa e dos filhos sem descanso.

No último século antes de Cristo, surgiu um rito realizado na cidade de Elêusis, local onde a deusa Deméter teria ficado enquanto procurava Perséfone. No culto dos mistérios eleusianos os participantes vivenciavam uma alteração de seu estado mental. Os ritos eram secretos e os participantes seguiam os passos de Deméter em busca da filha. Ao dividir com ela a dor e, finalmente, a alegria do reencontro com Perséfone, os participantes, tendo percebido a angústia das trevas, já não temiam a morte como antes.[24]

Outro culto de mistério era o de Dioniso. Os participantes relembravam a época em que ele vagou pelas florestas enlouquecido tentando se esconder de Hera. Os homens vestiam-se de mulher e as mênades, mulheres devotas de Dioniso, corriam pelas ruas com coroas de heras e varinhas de salgueiro. Havia bebida no ritual e o grupo inteiro caía em transe. Os habitantes aristocratas da *pólis* misturavam-se com escravos e mulheres. Havia uma pitada de rebeldia no culto dionisíaco, demonstrando que a religiosidade pode servir tanto para reafirmar o *status quo,* quanto para contestá-lo.

Sem negar que o panteão grego era predominantemente patriarcal, o deus supremo era sempre uma figura masculina como Cronos e Zeus, e quão perniciosa era, na maioria do tempo, a situação de subordinação da mulher, ainda assim, a mulher daquela época tinha sua participação no universo divino, tinha papel fundamental em determinados cultos e podia cultuar a deusa que mais se assemelhasse ao seu modo de ser. Quando o processo histórico culminou no monoteísmo e na extinção das deidades femininas, a mulher perdeu a sua capacidade de escolha, sendo obrigada a cultuar um deus, que no início tinha características bem masculinas como o deus guerreiro hebraico Iahweh e posteriormente um deus transcendente que não possui identidade humana. O sacerdócio feminino foi sendo abolido e o papel das mulheres na religião ficou cada vez mais marginalizado.

Nos últimos tempos, felizmente, há um novo movimento teológico que busca resgatar a importância da mulher nas religiões. Os resultados serão percebidos quanto mais mulheres se engajarem neste movimento. Cabe a nós, mulheres contemporâneas, buscarmos a nossa identidade religiosa e nossa participação digna neste universo sagrado, não importa qual seja. Assim como é necessário que tenhamos o poder de escolher se queremos ou não participar de alguma vertente religiosa. O nosso esforço deve contemplar a liberdade feminina.

Mas nossa busca não se encerra aqui. Vale a pena explorar também os papéis femininos originários de outras religiões menos conhecidas no ocidente, mas que apresentam tipos femininos muito interessantes e relevantes como as religiões: nórdica, africana e indígena.

A mitologia nórdica foi concebida pelos povos que habitaram, nos tempos pré-cristãos, os atuais países escandinavos (Noruega, Suécia, Dinamarca) e Islândia. A expansão *Viking* propagou suas lendas e influenciou os povos de língua inglesa, como podemos notar nos nomes dos dias da semana: *Thursday* é o dia de Thor e *Friday*, o dia de Freya, ambos deuses do panteão nórdico.

O islandês Snorri Sturluson (1179 – 1241) compilou muitos mitos nórdicos no livro *Edda em prosa* que, junto com a *Edda em verso*, escrito por volta de cinquenta anos depois, são as principais fontes de conhecimento do assunto. As histórias dos deuses refletem comportamentos bastante humanos, há traições, romances, trapaças e lutas. A ética e os costumes da época eram muito distintos dos atuais, o que pode causar estranheza no leitor atual em relação ao comportamento vulnerável dos deuses. Como Sturluson era cristão, não sabemos até que ponto as histórias foram modificadas para ridicularizar e desmerecer os antigos deuses pagãos, mal vistos à época. De qualquer maneira, os relatos são muito interessantes e colaboram para o entendimento das relações sociais do período.

Os mitos preservados chegaram à atualidade e influenciaram a literatura e as artes, como no caso da ópera *O anel dos nibelungos* do alemão Wagner e dos livros de J.R.R. Tolkien como *O Senhor dos anéis*.

A criação do mundo na mitologia nórdica é peculiar, a vida brota do gelo e o princípio feminino primordial é uma vaca.

No princípio havia três reinos inabitados: o *Ginnungagap* (o grande vazio), situado entre *Musspell* (reino de fogo) acima e *Niflhein* (terra da escuridão e das névoas geladas) abaixo. Das profundezas de *Niflhein* formou-se um enorme bloco de gelo que, ao derreter com o ar quente que descia de *Musspel*, fez surgir o gigante Ymir. Do mesmo gelo, com a finalidade de nutrir o novo ser, apareceu uma vaca chamada Audhumla, com tetas que vertiam rios de leite. Do suor de Ymir surgiram os primeiros seres vivos que originaram a raça dos gigantes. Do gelo que era lambido pela vaca Audhumla, surgiu Buri, o progenitor dos deuses. A partir de então, gigantes e deuses ora se acasalavam formando alianças, ora perseguiam-se como inimigos. Em uma dessas disputas, Odin, o mais poderoso dos deuses, e seus irmãos derrotaram o gigante Ymir e utilizaram partes do cadáver para construir o mundo mortal, *Midgard*, a Terra Média, que tem em seu centro a grande árvore *Yggdrasil*, sustentadora do mundo. O crânio de Ymir originou a abóbada celeste, da sua carne surgiu a terra e dos vermes das suas entranhas surgiram os anões e os elfos. Os seres humanos foram moldados em troncos de árvore e o primeiro casal foi Ask (freixo) e Embla (olmo), a primeira mulher. Cada um dos deuses lhes dotou de atributos como: inteligência, sentimentos e sentidos. Terminada a criação os deuses construíram um lar para eles, *Asgard*, e uma ponte de arco-íris para ligar os dois mundos. Os deuses, por vezes, descem ao mundo dos humanos e, disfarçados, interagem com eles.

Os homens e mulheres nórdicos, inspirados pelos mitos contados pelos antepassados, passaram a cultuar estes deuses e a honrá-los com sacrifícios de sangue de animais e de humanos, realizados em seus templos. Neles se encontravam os ídolos esculpidos que representavam as divindades cultuadas. A cada nove anos havia uma grande festividade regada a bebidas, servidas em chifres, e carne de cavalo. No festival, eram oferecidos sacrifícios para garantir os favores divinos e prover abundância de colheita, fertilidade e vitória nas guerras.

A organização social dos nórdicos, também conhecidos como *vikings*, era tribal e a economia era agrária e pesqueira. Famosos por seus barcos e grandes conquistas, também faziam comércio marítimo e muitas vezes atacavam portos com objetivo de saque. Fabricavam escudos, utensílios e armas de metal. Faziam roupas com peles de animais. Com marcantes traços patriarcais, o homem era o responsável pela proteção da família. A mulher, em geral, ficava responsável pelos afazeres domésticos. Apesar de não haver indícios de mulheres como guerreiras, há achados arqueológicos que indicam a participação de mulheres nas viagens marítimas de saque e conquista. Eram os pais quem escolhiam seus casamentos, sendo que a falta da virgindade não era empecilho. As mulheres tinham direito a posses e podiam pedir o divórcio. As viúvas tinham a possibilidade de tornarem-se ricas e poderosas com a herança dos maridos. As divindades femininas eram cultuadas principalmente nos ambientes domésticos.

Outra particularidade interessante da religiosidade nórdica é que os deuses nórdicos são mortais. Eles dependem das maçãs da juventude da deusa Idun para não envelhecer e podem ser assassinados. O fim dos deuses foi profetizado e chamado de *Ragnarok* e ocorrerá quando Odin e seu exército de guerreiros mortos e o deus Loki lutarem a batalha definitiva. *Yggdrasil* será cortada e o mundo será queimado. Apesar da catástrofe, alguns deuses e homens sobreviverão e reconstruirão o mundo.

Os deuses nórdicos são liderados por Odin, refletindo um sistema de patriarcado típico das sociedades militarizadas. Seus atributos principais são: força, sabedoria, coragem, esperteza, virilidade. São guerreiros destemidos, porém não são perfeitos. Odin não possui um olho. Loki ora livra os deuses de situações difíceis, ora é o causador de problemas, chegando a tramar a morte de Balder, filho de Odin, morto acidentalmente pelo irmão cego Hoder.

Algumas deusas representam os papéis femininos clássicos de mãe e filha como Frigga, esposa fiel de Odin e deusa do casamento. Assim como Hera, Frigga também sofria com as traições do marido. Em um de seus mitos, ela tenta de todas as maneiras livrar seu filho Balder da morte e quando não consegue envia seu outro filho Hermod para as profundezas geladas do *Niflhein*, a morada dos mortos, para tentar barganhar com a deusa Hei o retorno à vida de seu amado filho.

Outros exemplos femininos de deusas são: a já citada deusa do reino dos mortos, Hei, que é a exilada filha de Loki e outras deusas relacionadas à natureza como: Ran, a deusa do mar, Skadi, deusa do inverno e Nerthus, deusa da terra. As Valquírias, divindades menores, filhas de Odin e Erda, eram as responsáveis por recolher os bravos guerreiros mortos em batalha e conduzi-los a *Valhala*, o palácio dos deuses, onde os heróis das batalhas viveriam uma vida após a morte abastada aguardando o dia de sua última e definitiva luta, o crepúsculo dos deuses, *Ragnarok*. O papel da mulher amante é representado por Erda, deusa da sabedoria, amante de Odin e mãe das Valquírias e, principalmente, por Freya, a deusa do amor, da juventude e da beleza que teve vários amantes diferentes.

O livro *As melhores histórias da Mitologia Nórdica* de A.S. Franchini e Carmem Seganfredo, narra uma passagem interessante sobre Freya.[25] Mulher de espírito livre, gostava de viver aventuras e vagar pelo mundo dos humanos. Certa vez, usando seu casaco mágico de pele de gavião, que proporcionava a ela voar, ficou curiosa com o brilho que saía de uma caverna. Lá era a forja de habilidosos anões artífices que acabavam de confeccionar o mais belo colar que já se vira. Freya, curiosa, ficou encantada com o colar e revelou-se disposta a qualquer coisa para ser a dona da joia. Os anões, então, propuseram à Freya a troca do colar por favores sexuais. Ela achou graça, mas concordou com a proposta. Um de cada vez, então, os quatro anões deitaram-se com a deusa e ela conseguiu a posse do colar.

Loki, que estava espiando a caverna dos anões, ficou indignado com o comportamento sexual da deusa (ou seria inveja?). Como o colar também despertou sua cobiça, resolveu armar um plano para tirar a joia dela. Contou então a Odin, amante de Freya, as suas últimas aventuras sexuais com os anões. O deus, sentindo-se insultado e com o orgulho ferido, explodiu em ciúmes e ordenou que Loki tirasse o colar de Freya imediatamente.

Loki teve que usar seus poderes de metamorfose para transformar-se em uma formiga e entrar no palácio de Freya sem ser visto, usando o buraco da fechadura. Depois de muito trabalho ele conseguiu roubar o colar e fugir. Porém Heimdall, o vigia de *Asgard*, o perseguiu e eles lutaram. Heimdall levou a melhor e recuperou o colar devolvendo-o a sua antiga dona. Freya teve que dar explicações a Odin, o deus caolho, mas acabou ficando com o colar.

Nesta divertida história podemos perceber que os homens nunca lidaram muito bem com a liberdade sexual feminina, apesar de desfrutá-la quando lhes convém. A vaidade feminina e a curiosidade são estereotipadas em Freya. Odin, como homem de brios, fica insultado ao saber que foi traído, apesar de ser amante e não marido de Freya. Aliás, se Freya fosse a esposa, não teria escapado sem uma punição a altura. Há relatos nos contos *vikings* de homens lutando em duelo para salvar a sua honra e também há casos de assassinato das esposas adúlteras. A moralidade cristã, absorvida pelos nórdicos com a cristianização dos seus países, pode ter influenciado a narrativa.

Tão interessante quanto os mitos europeus são os originários dos nossos antepassados ameríndios. Na mitologia tupi encontramos um interessante relato de uma deusa que desceu à Terra, viveu incríveis aventuras e gerou aquele que reformaria os costumes dos índios, conhecido como o "Moisés brasileiro", Jurupari.

Ceuci era a filha de Tupã, o poderoso deus do trovão, com Iuacaci, a mãe do céu. Ela vivia no Sol até que um dia resolveu vir à Terra montada em uma nuvem. Encontrando uma índia jovem dormindo, ela se apoderou de seu corpo, condenando a alma da moça a segui-la como uma sombra.

A menina índia, animada pelo espírito de Ceuci, começou a fazer coisas maravilhosas como desviar o curso d'água e dominar os animais. Conta-se que duas onças acuaram alguns curumins em uma árvore. Ceuci então as matou, colocou os meninos a salvo e depois as ressuscitou. As onças tornaram-se dóceis e obedientes a ela.

Antes que ela menstruasse, colheu e comeu os frutos de purumã, proibidos para as moças virgens. O sumo da fruta escorreu pelo seu corpo atingindo suas partes íntimas e ela foi fecundada milagrosamente. Sua tribo seguia o costume da virgindade das moças antes do casamento. Percebendo que ela estava grávida, o conselho de anciãos se reuniu. Ceuci explicou que nunca estivera com um homem e, mesmo sendo atestada sua inocência, ela foi condenada ao exílio para servir de exemplo.

Sozinha e grávida, a jovem deusa refugiou-se em uma caverna onde deu à luz seu filho Jurupari. Detentor de poderes extraordinários, Jurupari revelou que era filho de Tupã e que vinha à Terra para reformar os costumes. Com poucos dias de nascido, já aparentava ter dez anos e ficou famoso por sua sabedoria.

Conforme a lenda, na época em que Jurupari era adulto, reinava o matriarcado. Os homens viviam subjugados pelas mulheres, trabalhando dia e noite sem descanso e sem nenhum direito. A fiscalização feminina era ferrenha e nenhuma reclamação era permitida. Os homens eram castigados pelas mulheres cruéis que os obrigavam à servidão. Os homens, então, conformavam-se e submetiam-se ao seu destino de servos das mulheres.

Foi neste contexto que surgiu Jurupari, filho do deus Tupã, para modificar os costumes. Ele não achava justo que os homens fossem meros escravos femininos. Mulheres mandando era contrário às doutrinas praticadas no mundo solar. Foi então que decretou que os homens é que mandariam dali para a frente. Todo o poder das mulheres foi retirado. Elas protestaram muito, mas, Jurupari não revogava suas leis.

Para garantir que os homens mantivessem o poder, Jurupari instituiu o patriarcado, mostrou aos homens como serem independentes, criou festas e locais da tribo em que só os homens poderiam entrar e participar, ensinou ainda a eles muitos mistérios e inventou o segredo.

Jurupari decretou que os homens que revelassem os segredos e as mulheres que entrassem nos ambientes masculinos deveriam morrer. Decretou ainda muitas outras leis para regular os costumes sociais do povo.

Ceuci, degredada há muito tempo, recebeu a visita de Anhangá, disfarçado de mulher. Esta divindade podia se apresentar com formas variadas e há tempos fazia oposição a Tupã. Ceuci foi convidada por Anhangá a visitar a taba vizinha onde estava ocorrendo uma festa em honra de Jurupari. Ela aceitou e acabou entrando no recinto exclusivo dos homens morrendo instantaneamente. Jurupari foi chamado para ressuscitar sua mãe, mas como ele nunca violava seus decretos afirmou que ela morreu porque desobedeceu às leis de Tupã que ele ensinava. Resolveu, porém, entregar o corpo da mãe a Tupã. Ela subiu aos céus e se transformou na constelação das Plêiades.[26]

O mito de Jurupari já era muito difundido na época da chegada dos colonizadores ao Brasil. É difícil saber o quanto os relatos foram influenciados pelos catequizadores portugueses. Algumas semelhanças com o cristianismo são surpreendentes. A virgem que dá à luz um filho de deus que se revela o reformador moral do mundo e que depois de morrer é elevada ao céu pelo poder divino é algo muito parecido com a história sobre Maria, mãe de Jesus, na tradição cristã. Muitos mitos de diferentes culturas e épocas possuem elementos narrativos muito semelhantes. É um mistério que os estudiosos não conseguem explicar.

A mudança no papel feminino, na sociedade e na religião, após a instituição do patriarcado, que é relatada no mito, reflete o que aconteceu com a substituição do culto à deusa mãe pelas religiões politeístas em que as deusas femininas tinham papel secundário, até que finalmente o monoteísmo minou de vez o poder feminino na religião e na sociedade. O ciclo de submissão das mulheres se repetiu em várias culturas e povos diferentes com o intercâmbio cultural ao longo dos tempos.

Uma observação deve ser feita em relação ao mito: as mulheres dominadoras foram substituídas por homens dominadores. Longe do mito e no âmbito da História, os caciques patriarcas de suas tribos foram substituídos pelos colonizadores que passaram a explorar econômica e politicamente os povos originais. Precisamos lembrar deste ciclo quando buscarmos a liberdade feminina. Não devemos almejar sermos as dominadoras da classe masculina. Este tipo de relação de poder sempre leva alguém a ter seus direitos desrespeitados. Busquemos a igualdade de direitos e oportunidades com respeito. Que não sejamos a submissa e injustiçada Ceuci, mas que não nos transformemos no intransigente e autoritário Jurupari.

Há outro mito que envolve mulheres em uma situação de liberdade bastante peculiar e que mistura cultura nacional com lendas gregas. Exploradores europeus liderados pelo espanhol Francisco Orellana chegaram na região amazônica em 1542 e relataram que avistaram uma tribo de mulheres guerreiras. Elas lutavam nuas e viviam em tribos sem a presença de homens. Elas eram altas, musculosas, de pele clara e exímias arqueiras.[27] As índias eram chamadas originalmente de icamiabas, mas passaram a ser conhecidas como amazonas pela semelhança com um mito grego de mulheres guerreiras solteiras que queimavam um dos seios para melhor manejar o arco. O Estado do Amazonas e o grande rio Amazonas receberam seus nomes por causa delas.

As icamiabas, ainda que não tivessem marido, tinham filhos. Uma vez ao ano, em noites de lua cheia, elas faziam uma cerimônia para a deusa da Lua Yaci e convidavam os índios guacaris para terem relações sexuais com elas no lago Yaci Uarua (espelho da Lua). Após o ritual, elas os presenteavam com um amuleto chamado muiraquitã. As meninas nascidas desta união eram criadas com as mães e tornavam-se guerreiras. Os meninos eram entregues aos pais para serem criados. Em alguns relatos diz-se que elas matavam os meninos, mas talvez seja mais um sincretismo com o mito grego das amazonas que sacrificavam seus filhos homens. Há relatos de que as icamiabas ainda existem na região entre o Mato Grosso e o Amazonas.[28]

Além da religiosidade indígena, as religiões de matriz africana também têm importantes contribuições para a história das mulheres no ambiente sagrado.

Uma das religiões que atualmente mantém o protagonismo feminino é o Candomblé. Originário da integração das religiões tribais dos diversos povos da África, reuniu em um único culto diversas entidades do panteão africano. Encontramos no Candomblé líderes religiosos, tanto masculinos (babalorixás), quanto femininos (ialorixás), sendo que a participação feminina é bastante expressiva, tanto na liderança da religião, quanto nas trabalhadoras e frequentadoras dos cultos e rituais. Em algumas regiões do Brasil há predominância de mulheres dirigindo as Casas de Santo, os templos de culto do Candomblé.[29]

O primeiro terreiro de Candomblé de que se tem notícia foi criado no séc. XIX por três ex-escravas iorubás: Adetá, Iyakala e Iyanassô, no Engenho Velho, em Salvador da Bahia. Desta matriz surgiram as três mais conhecidas casas de Salvador: Gantois, Afonjá e Casa Branca, também fundadas por mulheres.

Originalmente na África, cada etnia tinha uma divindade principal que era cultuada na comunidade local. Ao serem transportados desumanamente para o Brasil, trazidos como escravos, os africanos de diversas culturas e povos diferentes foram obrigados a conviver nas senzalas. Famílias foram separadas e membros da mesma tribo ou nação foram divididos para evitar rebeliões. O intercâmbio da cultura, com suas danças e cantos, e do culto aos seus deuses, aproximou os diferentes povos africanos em solo brasileiro promovendo uma nova unidade e transformando sua herança cultural em novas manifestações que originaram novas formas de expressão religiosa como o Calundu e posteriormente o Candomblé. Dos diversos povos trazidos ao Brasil, encontramos nos Iorubás ou Nagôs um dos que mais influenciaram o Candomblé, principalmente na Bahia.

O sagrado permeia todos os setores da vida africana nas tribos tradicionais que mantiveram inalterados seus costumes, apesar da colonização da África, sendo impossível dissociar o espiritual e o material nas atividades cotidianas. Uma força vital, denominada axé, permeia todas as coisas, visíveis e invisíveis, e a noção de tempo extrapola o tempo cronológico. Através dos ritos e das palavras poderosas, os cultos transportam seus participantes a um tempo primordial quando os humanos viviam em intercâmbio direto com suas divindades e seus ancestrais.

Muitos são os mitos africanos sobre a criação do universo, dos seres humanos e dos feitos de seus ancestrais. O passado e não o futuro é considerado como a idade áurea. Não há, porém, mitos sobre o fim do mundo porque para eles o tempo não tem fim.

Enquanto uma pessoa é lembrada pelos vivos, ela vive em suas memórias e também no mundo espiritual. Ela é considerada uma morta vivente e pode se dizer que é imortal em sua individualidade. Quando ninguém mais se lembra dela, passa a gozar de uma imortalidade coletiva. Por causa destas ideias de vida após a morte, os cultos e oferendas aos antepassados têm uma importância fundamental. Os mortos que vivem na lembrança auxiliam os vivos e os protegem e ressentem-se de serem esquecidos e negligenciados. O sangue dos sacrifícios transmite e renova o axé dos ancestrais. Símbolos, partes do corpo, como unhas e cabelos, alimentos e objetos têm poderes sobrenaturais na concepção animista das religiões africanas. A palavra é considerada sagrada e, portanto, a tradição oral é a mais expressiva para esses povos.

Por serem vários os povos africanos que influenciaram o Candomblé e pela tradição de oralidade da transmissão religiosa, há diversas narrativas míticas diferentes e nomes de entidades e características igualmente variáveis. Há, no entanto, um mito cosmogônico iorubá particularmente interessante para nós porque tem a participação feminina de Odudua.

Para os iorubás, a divindade criadora tem muitos nomes, sendo o mais antigo Olodumare. Outros nomes são: Olorum, Orun, Edumare. O deus supremo é considerado a rocha suprema que nunca muda, o único criador, onipotente, eterno, juiz e não recebe culto diretamente. São as divindades, conhecidas por orixás, que interagem com o nosso mundo material.

Os orixás são emanações do deus supremo que servem à vontade divina e governam o mundo. Alguns participaram da criação do mundo, são as divindades primordiais. Outros são ancestrais que, por suas vidas extraordinárias, foram deificados e alguns ainda personificam os fenômenos naturais.

Obatalá ou Oxalá, como também é conhecido, o primeiro orixá criado pelo supremo Olodumare, foi designado para criar o mundo terreno do imenso oceano primordial. Quando saiu do *orun*, a morada divina, Obatalá se embebedou e acabou dormindo sem realizar a tarefa. Odudua, orixá feminina, pegou dele o saco da criação e foi se queixar a Olodumare que, por sua vez, passou a ela a incumbência de criar o nosso mundo material, já que Obatalá tinha se mostrado incompetente. Segundo a tradição, Odudua criou o mundo e Obatalá modelou do barro os corpos dos homens que receberam de Olodumare o sopro da vida. Nessa versão, Odudua representou o princípio ancestral feminino e Obatalá o masculino. Ele ficou responsável pelo *orun* (céu, dimensão espiritual) e ela pelo *aiye* (terra, dimensão material). A união dos dois é representada por uma cabaça branca, *igbadu*, formada de duas partes unindo o *aiye* inferior e o *orun* superior. Dentro de seu interior, encontram-se elementos simbólicos representativos. Ao disputar entre si o título de orixá da criação, Obatalá e Odudua expressaram a disputa entre o homem e a mulher pela supremacia criadora.

Odudua lidera as entidades espirituais femininas, ditas de esquerda, que detém o poder gerador feminino *gelede* que cria, restitui e restaura o axé. Novos seres são originados na matéria genitora feminina fecundada quando a água da terra, como os rios por exemplo, é fecundada pelas águas do céu, as chuvas masculinas.

No início havia comunhão e harmonia entre os mundos material e espiritual. Os homens iam ao *orun* quando precisavam, mas um fato separou os mundos interpondo uma barreira. Algumas tradições contam que a culpa foi de uma mulher que tocou o céu com a mão suja. Parece que imputar às mulheres o motivo do afastamento do contato dos humanos com deus não é uma prerrogativa exclusiva da Bíblia.

Entre os muitos orixás, há duas divindades muito próximas e parecidas por serem mãe e filha: Iemanjá e Oxum.

Iemanjá não conseguia engravidar (grande drama de mulheres e deusas em várias culturas e épocas). Consultou o oráculo *Ifá* e foi orientada a fazer oferendas em um rio a cada cinco dias, antes do amanhecer, acompanhada de um grupo de crianças cantando. Ela deveria encher um jarro com a água e beber e se banhar com ela no intervalo entre as idas ao rio.

Repetindo o ritual, Iemanjá concebeu Oxum, sua primeira filha. Apesar de ter conseguido seu intento, ela permaneceu repetindo o ritual até que durante um deles, na beira do rio, nasceu a orixá Oxum.

Iemanjá é reverenciada como a mãe de todos os orixás. É considerada a deusa das águas salgadas, rainha do mar e associada a seres encantados indígenas como a sereia Iara. Como ela é associada à maternidade, seu culto foi relacionado no Brasil à Maria, mãe de Jesus, e sua festa anual acontece no dia 2 de fevereiro, dia de Nossa Senhora dos Navegantes.

Oxum é cultuada como a deusa das cachoeiras e águas doces. Seus poderes estão relacionados com a fertilidade das mulheres e a prosperidade. No Brasil, também teve seu culto sincretizado com Nossa Senhora.

Oyá ou Iansã é a senhora dos ventos e das tempestades, identificada no catolicismo com Santa Bárbara, mártir cristã do século III, que teria sido torturada e morta, degolada por professar a fé cristã. Seu carrasco teria sido o próprio pai. Quando sua cabeça rolou pelo chão, um raio fulminante atingiu seu pai, que caiu morto. A associação de Santa Bárbara a raios e tempestades a aproximou de Oyá que também tem poder sobre os trovões, ventos e tempestades.

Como o culto aos orixás era proibido e os escravos eram obrigados a se converterem ao catolicismo, os africanos cultuavam seus deuses em segredo através da adoração aos santos católicos.

A origem do rio africano Niger é atribuída a Oyá. Em época de guerra um rei consultou *Ifá*, o oráculo, para se prevenir contra invasão e recebeu a instrução de, em caso de perigo, que entregasse uma peça de tecido negro para uma virgem rasgar. A filha do rei, então, cortou o tecido: *o ya* – ela cortou – e atirou as duas partes ao chão que se transformaram em um rio que protegeu as terras formando uma ilha.

Algumas tradições dizem que Oyá era esposa de Ogum, o orixá da guerra e do fogo, e lutava com ele usando espadas que ele mesmo forjava. Um dia Xangô, o senhor dos raios e trovões, conheceu Oyá e eles se apaixonaram e fugiram juntos. Quando Ogum percebeu a fuga, foi procurar sua esposa na floresta. Ogum e Oyá lutaram com suas espadas e acabaram os dois partidos em pedaços. Oyá, partida em nove pedaços, originou nove filhos.

Oyá é relacionada ao culto aos mortos (*egungun*) e cultuada como mulher guerreira e caçadora que demonstra seu descontentamento manipulando ventos e tempestades.

Há muitas lendas e mitos diferentes sobre os orixás africanos e estes foram contados e recontados através dos tempos. Em cada uma dessas deusas encontramos um pouco da mulher africana, seus anseios e qualidades. A diversidade de histórias não aconteceu somente porque foram transmitidas oralmente. As situações diferentes e ambientes diversos provocaram a atualização do mito que tomou novos elementos e significados.

Inicialmente na África, a religião era comanda pelos homens, reflexo da sociedade patriarcal formada por grandes famílias de casamentos em que os homens podiam ter várias mulheres. Mesmo assim as mulheres já tinham certa independência pois eram boas comerciantes ficando muitas vezes mais ricas que os maridos. No Brasil, houve uma inversão de costumes, produzindo o que especialistas chamam de matriarcado da religiosidade brasileira.

As mulheres foram as primeiras a conseguir suas alforrias e sobreviviam vendendo alimentos que preparavam nas ruas como acarajé e mungunzá. Com o dinheiro das vendas adquiriam independência econômica em um cenário em que os homens forros dificilmente conseguiam empregos, sendo substituídos nas lavouras por imigrantes. As mulheres sacerdotisas formaram os primeiros candomblés e desde então adquiriram o protagonismo religioso nessas casas, que persiste até hoje em muitas delas, dirigidas pelas ialorixás ou mães de santo.

As mães de santo se autossustentavam e aos seus familiares e criavam estreitos laços com sua grande família de santo ligada à religião. Muitas mulheres optaram por não se casarem porque os homens não trariam vantagens financeiras e porque a própria escravidão tinha desestimulado a formação de famílias formais. Não há originariamente no Candomblé cerimônia de casamento e a dedicação da mulher ao culto e à família de santo é muito grande. Muitos companheiros não aceitavam que deveria haver prioridade dos orixás sobre eles, da família de santo sobre a biológica.

Em todo este capítulo e no anterior, pudemos perceber o quanto o mito é importante como base das religiões modernas e que ecos destes ainda sobrevivem nas nossas tradições religiosas e também nas sociedades que ainda hoje vivem seus mitos.

Apesar de o mito remontar ao passado, ele é revivido no presente. O fator tradição ajuda na preservação dos costumes antigos, mas não impede, como não impediu, que as narrativas míticas e os comportamentos sociais a elas associados fossem revistos e atualizados com o passar dos tempos.

Acompanhamos o início das religiões em diversas partes do planeta. Encontramos coincidências incríveis, mas acima de tudo, diversidades. Cada povo de acordo com o clima, localização geográfica, tipo de economia e organização social construiu uma cultura própria que se refletiu na maneira de relacionamento entre si e com o sagrado. As mudanças ocorridas ao longo da história modificaram seus comportamentos e seus cultos. O papel feminino nas religiões, que era predominante nos primórdios de nossa história na forma da Grande Mãe, foi sendo modificado, ora perdendo espaço, ora reconquistando.

Ao observarmos essa tendência de mudança nas religiões de todas as épocas e lugares, não há porque pensarmos que a situação religiosa atual vá permanecer sempre estanque. Se nós mulheres nos organizarmos para construir um novo papel feminino, mais condizente com a nossa situação atual de independência e protagonismo, com certeza conseguiremos realizar mudanças positivas na religião que mais nos aprouver, com a qual mais nos identificamos.

Não precisamos nos voltar ao ateísmo se cremos que há algo superior que merece nosso culto e atenção. As religiões nem sempre foram fator de opressão feminina e muitas hoje não são. Não precisamos nos afastar do contato com o sagrado primordial se este não for nosso desejo. As mulheres mudaram e, com elas, as religiões também mudaram e hão de ser modificadas um sem número de vezes até que se adéquem ao novo estilo de vida da sociedade atual.

Não é necessário negar o passado, desvinculando-se das tradições. O passado é escola que nos mostra que o antigo é o alicerce do novo, que sustenta as novas construções mais adequadas as nossas novas necessidades. Em um mundo de mulheres construtoras e engenheiras, sábias e filósofas, por que não construir uma nova religiosidade com sabedoria e ética?

Capítulo 4: A criação da mulher

Nos capítulos anteriores conhecemos um pouco sobre a importância do pensamento mítico na formação da religiosidade em todas as épocas e lugares. Nessa viagem mitológica pudemos perceber, também, que há muitas coincidências nas narrativas e temas que se repetem como: gravidez miraculosa de uma virgem, viagens de resgate ao inferno, vingança divina por desobediência, criação de seres do barro e muitos outros aspectos semelhantes. No entanto, apesar de serem muitos os temas que narram a criação do homem e da mulher, raros são os que culpam a mulher pela introdução do mal no mundo terreno. Na mitologia iorubá vimos um exemplo de culpa da mulher pelo afastamento do contato humano com os deuses, por ter tocado o céu com a mão suja. No entanto, foi apenas um entre vários outros relatos do mesmo tipo, entre os quais, alguns atribuem também a culpa ao homem. Além disso, o afastamento dos humanos do mundo divino não é o mesmo que ser a responsável por todo o mal na Terra. Para este último caso, apenas o mito de Eva encontra correspondência e, com algumas reservas e diferenças, encontra semelhança no mito de Pandora.

Chamar a história de Eva de mito pode deixar algumas pessoas extremamente ofendidas. Não é o caso de diminuir a importância, nem de dizer que são mentiras criadas deliberadamente para enganar as pessoas. O mito faz parte de todas as religiões. Os livros da Bíblia, entre eles o Gênesis que narra a história da criação de Eva, não foram escritos com a intenção de serem livros de ciência, de serem portadores da verdade realística. São livros sagrados que contam histórias sagradas e por isso têm importância religiosa. Escritos durante muito tempo, por vários autores, foram interpretados e reinterpretados um sem número de vezes, recebendo acréscimos e modificações.[30] Quando citamos no primeiro capítulo que há duas narrativas diferentes para a criação do homem, isso por si já demonstra o caráter mutante do mito e suas interpretações diferenciadas.

A própria introdução ao Pentateuco na *Bíblia de Jerusalém*, editada por uma editora católica, trata dos onze primeiros capítulos do Gênesis como um mito, explicando o seguinte:

Um mito é uma antiga tradição popular que conta as origens do mundo e do homem ou de certos acontecimentos, por exemplo, do dilúvio universal, que teriam acontecido nas origens da humanidade. Um mito é um relato feito de modo imagístico e simbólico; o autor do relato bíblico tomou tal ou tal tradição de seu próprio ambiente porque ela servia ao seu desígnio didático. (...)

Em poucas palavras, o mito explica como vieram à existência o mundo e todas as suas criaturas e por que nós, humanos somos tais como somos.[31]

Joseph Campbell, em diálogo com o jornalista Bill Moyers, transcrito no livro *O poder do mito*, trata da semelhança que a história da criação no Gênesis tem com outros mitos de culturas diferentes. Sobre a criação do céu e da terra, quando só havia escuridão, ele a compara com a *Canção do Mundo*, um mito dos indígenas do Arizona. Baseado em um mito Bassari, povo da África ocidental, ele compara a criação dos seres humanos com a culpa da serpente pelo pecado. Vejamos o relato em Gênesis e posteriormente o dos Bassari para comparação:

Deus criou o homem à sua imagem, à imagem de Deus ele o criou, homem e mulher ele os criou. Deus os abençoou e lhes disse: sede fecundos, multiplicai-vos, enchei a terra e submetei-a; dominai sobre os peixes do mar, as aves do céu e todos os animais que rastejam sobre a terra (Gn 1: 27 – 28).

"Comestes, então, da árvore que te proibi de comer!" O homem respondeu: "A mulher que puseste junto de mim me deu da árvore e eu comi!" Iahweh Deus disse à mulher: "Que fizeste?" E a mulher respondeu: "A serpente me seduziu e eu comi" (Gn 3: 11-13).

Vejamos agora o mito africano:

Unumbotte fez um ser humano. Seu nome era Homem. Em seguida, Unumbotte fez um antílope, chamado Antílope. Unumbotte fez uma serpente, chamada serpente (...) E Unumbotte lhes disse: "A terra ainda não foi preparada. Vocês precisam tornar macia a terra em que estão sentados". Unumbotte deu lhes sementes de todas as espécies e disse: "plantem-nas". (...)

Um dia a Serpente disse: "Nós também devemos comer destes frutos. Porque devemos ficar com fome? " O Antílope disse: "Mas não sabemos nada desse fruto". Então o Homem e sua mulher colheram alguns frutos e comeram. Unumbotte desceu do céu e perguntou: "Quem comeu o fruto?" Eles responderam: "Nós comemos". Unumbotte perguntou: "Quem lhes disse que podiam comer deste fruto? " Eles responderam: "A serpente disse".[32]

Como podemos perceber, é praticamente, a mesma história. Existem sinetes sumerianos de 3.500 anos a.C. que mostram a serpente, a árvore e a deusa oferecendo um fruto a um homem. Há muitos paralelos entre as histórias sumerianas de Gilgamesh com a história do Gênesis, o que leva muitos pesquisadores a concluir que as narrativas dos sumérios influenciaram os mitos bíblicos da criação dos homens. Vejamos alguns exemplos.

Na epopeia de Gilgamesh, encontramos os seguintes relatos:

A deusa então concebeu em sua mente uma imagem cuja essência era a mesma de Anu, o deus do firmamento. Ela mergulhou as mãos na água e tomou um pedaço de barro; ela o deixou cair na selva, e assim foi criado o nobre Enkidu.[33]

Em Gênesis: "Façamos o homem à nossa imagem, como nossa semelhança" (Gn 1: 26). "Então Iahweh Deus modelou o homem com a argila do solo" (Gn 2: 7).

As semelhanças são gritantes, com a diferença que no mito sumeriano era uma deusa a criadora e não um deus masculino.

Outros paralelos podem ser traçados, como na continuação da história quando o rei Gilgamesh, sabendo da existência de Enkidu, envia uma das prostitutas sagradas do templo da deusa *Ishtar* (deusa do amor e da fertilidade) para seduzi-lo. Enkidu perdeu sua inocência tornando-se conhecedor da malícia do homem. Arrependido, é consolado pela prostituta:

Enkidu perdera sua força, pois agora tinha o conhecimento dentro de si, e os pensamentos do homem ocupavam seu coração.

"Olho para ti e vejo que agora és como um deus. Por que anseias por voltar a correr pelos campos como as feras do mato? "[34]

Em Gênesis encontramos: "Mas Deus sabe que, no dia em que dele comerdes, vossos olhos se abrirão e vós sereis como Deuses, versados no bem e no mal " (Gn 3: 5).

Os fatos em si não são os mesmos, mas as ideias são muito semelhantes. Eva foi condenada também pela luxúria atribuída à prostituta sagrada recebendo a culpa por seduzir o homem e tirar sua inocência com falsas promessas.

Ao verificarmos que os mitos se influenciam mutuamente e que não há respaldo científico para a criação, como narrada na mitologia, nos libertamos da crença no fator "vontade divina" e passamos a uma compreensão de interpretatividade das histórias sagradas. A deusa suméria foi substituída pelo deus hebreu e a história se manteve praticamente a mesma. O conhecimento que torna o homem divino e que tira a sua inocência foi transformado em algo pernicioso e inadequado. As modificações mitológicas servem para adequar os comportamentos e pensamentos de um povo às novas situações sociais que passam a viver. Sempre houve esse tipo de adaptação e continuará acontecendo porque situações novas trazem novas complexidades que precisam de novas interpretações míticas e religiosas.

Voltemos à criação da mulher na mitologia grega. Ela nos ajuda a entender o modo de pensar da sociedade na época. O trabalho não era valorizado pelos gregos. Pandora, a primeira mulher, criada para punir os seres humanos, foi aquela que ficou responsável por trazer o trabalho físico ao mundo dos homens. Vejamos como Hesíodo nos conta o mito de Pandora, introduzindo anteriormente o relacionamento de Prometeu com os homens.

Prometeu foi o Titã que criou o ser humano, moldando-o do barro. Conta o mito que Prometeu e seu irmão Epimeteu foram os responsáveis por criar os animais e os seres humanos. Epimeteu atribuiu aos animais os mais diversos dons como: coragem, força, asas, etc. Quando chegou o momento de criar o homem, que deveria ser superior aos outros animais, Epimeteu havia desperdiçado todos os recursos. Prometeu moldou o homem do barro e com a ajuda de Minerva roubou uma fração do fogo dos deuses e o deu aos homens. Com o fogo foi possível assegurar a sua superioridade sobre os demais animais para forjar armas, ferramentas, proteger-se do frio e cozinhar alimentos. Prometeu criou apenas os homens, não existiam ainda mulheres.

Zeus, que já havia sido enganado antes por Prometeu, ressentiu-se da entrega do fogo aos homens e tramou uma vingança criando a primeira mulher que seria a causa dos males dos homens. Prometeu foi condenado a ficar acorrentado em uma rocha e ter seu fígado comido por uma águia todos os dias. Como ele era imortal, seu fígado regenerava e o tormento reiniciava. A punição terrível só teve fim com Hércules que matou a águia e quebrou a corrente, até então indestrutível, que o prendia.

A história da criação da primeira mulher, Pandora, faz parte da vingança de Zeus a Prometeu, que roubou o fogo e entregou aos homens, que o aceitaram.

Encontramos na obra de Hesíodo duas versões da criação de Pandora, assim como no livro *Gênesis* também encontramos dois relatos diferentes da criação da primeira mulher.

Em *Teogonia*, Pandora foi criada por Zeus a partir da terra na forma de uma atraente virgem com aparência de deusa. Atena ornamentou o corpo da jovem com uma bela vestimenta, flores e uma coroa de ouro. Pandora foi criada como um artefato divino e belo feito para seduzir. Zeus fez este mal, Pandora, para equilibrar o bem que permeava a vida dos homens mortais. Ao apresentá-la aos homens e outros deuses, eles ficaram inebriados com sua beleza irresistível. E assim concluiu Hesíodo:

Da sua raça vem a raça das mulheres fêmeas,
Esta raça mortifica a população de mulheres,
Uma grande infestação entre os homens mortais,
Que viviam com riqueza e sem pobreza.[35]

As mulheres são então comparadas aos zangões que ficam ociosos nas colmeias explorando o trabalho das trabalhadeiras abelhas, ou seja, os homens, que trabalham o dia inteiro só para alimentar os zangões ociosos (mulheres). E completa:

Foi assim como Zeus, o alto senhor do trovão,
Fez as mulheres como uma maldição para os homens mortais,
Conspiradoras do mal. E ele juntou outro mal
Para contrabalançar o bem.
Qualquer um que escape ao casamento
E à maldade das mulheres, chega à velhice
Sem um filho que o mantenha. Ele não precisa de nada
Enquanto viver, mas quando ele morre, parentes distantes

Dividem seus bens. Por outro lado, quem se casa
Como é mandado, e tem uma boa esposa, compatível,
Tem uma vida equilibrada entre o mal e o bem,
Uma luta constante. Mas se ele se casa com uma mulher abusiva
Ele vive com dores no seu coração o tempo todo,
Dores no espírito e na mente, o mal incurável.[36]

A mulher é apresentada como um mal necessário aos homens e motivo de seu árduo trabalho diário. Se um homem tenta escapar das mulheres e do casamento para não ser forçado ao trabalho duro e ao sofrimento, ele está destinado a uma velhice triste e solitária, sem ninguém para tomar conta dele e sem herdeiros para cuidar de seus bens. Quando se casa e tem a sorte de ter uma boa mulher, de qualquer maneira ele vai ter o bem e o mal juntos para sempre, porque a mulher, em si, independentemente do seu caráter individual, é má porque ela obriga o marido a trabalhar para ela comer. Quando um homem se casa e tem a má sorte de ter uma mulher não subserviente, para ele não há maneira de escapar de todo tipo de tristeza e mal. A mulher que se dedicava ao trabalho do lar e ao cuidado dos filhos era vista como um peso e seu árduo trabalho não era reconhecido, como ainda hoje, raramente o é.

Na visão de mundo da sociedade grega mais antiga, o trabalho braçal não era uma maneira aceitável de ganhar-se a vida, era considerado um tormento porque houve um tempo, a Idade Dourada, em que a terra provia aos homens toda a comida que eles necessitavam e eles não tinham necessidade de trabalhar e sofrer.

Em sua outra obra *Trabalhos e dias,* Hesíodo diz que a mulher era um mal a ser abraçado pelos homens:

(...) os deuses nunca ensinaram
Como os humanos poderiam ganhar a vida.
Você fazia o suficiente em um dia
Para seu sustento por um ano sem trabalho.
Você podia dependurar seu arado na fumaça,
E todo o trabalho do campo era feito pelos bois...
Mas Zeus ficou verde de raiva e foi e escondeu
A madeira de ganhar a vida [sem trabalho duro] tudo

Porque aquele esperto Prometeu
O enganou. Por isto Zeus fez a vida dos seres humanos difícil.
Ele escondeu o fogo. Mas aquele fino filho de Lapetos o roubou
Bem diante do nariz de Zeus...
E Zeus, trovejando ... ficou enraivecido e disse:
(...)
Eu aposto que você está contente por ter roubado o fogo e me enganado.
Mas as coisas vão ficar difíceis para você e para os humanos
Depois disto.
Eu vou dar-lhes o Mal em troca do fogo
Um Mal para eles amarem e abraçarem.[37]

E o mal era Pandora, a primeira mulher.

Este era o plano de Zeus, que espelha como a mulher era vista, e qual era o antigo conceito do mal: todas as mulheres são iguais por causa da sua natureza (desde o nascimento); portanto, a mulher é o mal na humanidade.

O mundo grego antigo era uma sociedade patriarcal na qual o componente feminino era visto como uma fonte potencial de caos em um mundo previamente feito por homens. Mas não esqueçamos que Pandora não passou de um instrumento de Zeus em sua vingança, este sim o verdadeiro responsável pela origem dos males no mundo.

Mas a criação de Pandora, apesar de cumprir o mesmo propósito de vingança divina, é contada de forma diferente por Hesíodo em *Trabalhos e dias*. Ela é mais humanizada e outros deuses, como Afrodite, também participam da sua criação. Hefestos lhe dá voz humana e Atena e Afrodite a ensinam a tecer e a se embelezar. Argeifonte a dota de cínica inteligência e caráter volúvel. Persuasão e as Horas a enfeitam ainda mais e em seu peito são colocadas palavras sedutoras. Ela recebe o nome de Pandora, que significa todos os dons, porque cada um dos deuses do Olimpo lhe dotou de dádivas para que ela se tornasse a ruína dos homens comedores de pão.

Zeus enviou então Pandora como presente a Epimeteu, que apesar de ter sido avisado dos perigos de aceitar presentes de Zeus, não conseguiu resistir aos encantos de Pandora e casou-se com ela. Pandora era portadora de um presente de núpcias vindo do Olimpo, uma jarra que continha os bens e os males. Ela, inadvertidamente, abriu o jarro e todos os males escaparam, menos a esperança.

Nesta versão do mito não é apenas a criação de Pandora que traz o mal ao mundo, mas uma ação dela, a de abrir o jarro que continha as dores e males. Embora Hesíodo não mencione que a abertura do jarro era proibida e que a curiosidade feminina foi a responsável pela desgraça dos homens, no tempo dos primeiros apologistas cristãos, a partir do final do primeiro século da nossa era, a abertura do jarro de Pandora já era comparada ao episódio de Eva comendo a fruta proibida. Ambas as ações e ambas as mulheres marcariam a entrada dos males no mundo e seriam relacionadas à própria personificação do mal para os homens.

Em suma, conclui Maria Fernanda Brasete em seu artigo *A criação da mulher segundo Hesíodo*:

Pandora simboliza, nesta perspectiva misógina, os grandes males que atormentam os homens e também todas as contradições da nossa existência. Como o fogo, ela é ao mesmo tempo uma marca civilizacional do que é propriamente humano, mas paradoxalmente ela é a origem da própria condição humana. Criada à semelhança das deusas imortais, é uma representação factícia da vida cultivada que assegura a continuidade da civilização, mas sempre através do trabalho penoso. Como mulher, espelha as dádivas divinas (Afrodite, Hera e Atena), mas não passa de um simulacro que corporiza simbolicamente a tríade fundamental das atividades humanas: o sacrifício, o trabalho (agrícola) e o casamento. Pandora é a primeira mulher humana que, diferentemente de Eva, não foi criada como um complemento do homem (Gênesis: 2, 2), mas como artefato do castigo divino que confrontou o homem com a sua mortalidade. Na sua figura de *parthenos*, a mulher original que é a origem da raça das mulheres, representa a contingência humana de um futuro incerto e enganador, que nega a imortalidade. Mas ao ter retido a *Elpis*, talvez haja conservado a esperança de que a vida não seja governada apenas pelos males que se dispersaram no mundo e que a descendência assegure a sucessão das linhagens humanas.[38]

Isso nos remete à Eva novamente. Na mitologia judaico-cristã é atribuída a Eva tripla culpa: por ter cedido às tentações da serpente, associada ao diabo, por ter incitado o primeiro homem a pecar desobedecendo as ordens divinas e pela perda do paraíso.

Como vimos anteriormente, há dois relatos da criação do homem e da mulher em Gênesis. O primeiro, em que homem e mulher são criados iguais em semelhança a Deus, é considerado o mais recente, apesar de aparecer primeiro na Bíblia. O segundo remonta à tradição javista e faz o homem ser criado primeiro do barro e a mulher posteriormente de uma de suas costelas.

Diferente de Pandora, Eva não foi criada para trazer o mal aos homens, e sim para ser uma companheira para Adão, o primeiro humano.

Iahweh Deus, no relato iniciado em Gênesis capítulo 2, criou o primeiro homem, chamado Adão, modelado da argila do solo e insuflado com o sopro vital. Deus o colocou em um jardim que ficava em Éden, no Oriente, onde fez brotar do chão todas as plantas, a árvore da vida e a árvore do conhecimento do bem e do mal. Para que o homem não estivesse só, Iahweh criou os animais, modelados do solo, como Adão. Como o homem não encontrou uma auxiliar que lhe correspondesse, Iahweh retirou uma das costelas de Adão e modelou dela uma mulher.[39]

Adão e Eva não tinham consciência de sua nudez, portanto, não sabiam que eram de sexos diferentes. Nesse relato, Deus não os mandou crescer e multiplicar como no anterior.

Então, a serpente foi introduzida na narrativa como sendo o mais astuto dos animais que Iahweh havia criado. Não há inicialmente nem uma relação com o demônio ou algo parecido. A serpente era um animal sagaz e falante. Aliás, na época em que o Gênesis foi escrito, Satanás era ainda um ser celeste que participava da corte divina. Não era, de maneira nenhuma, relacionado ao implacável oponente divino, anjo caído, príncipe dos demônios. Não há nenhum relato de Satanás no Antigo Testamento que o coloque como chefe dos demônios. No livro de Jó, Satanás é autorizado por Iahweh a atormentar Jó, o servo mais fiel de Deus, para provar que ele não renegaria Iahweh diante das dificuldades. Satanás foi um instrumento de Deus para provar a sua própria teoria da fidelidade de seu servo.[40] Os mitos relacionados a Satanás foram modificados com o tempo e de acordo com circunstâncias posteriores que acometeram judeus e cristãos. Essas novas interpretações foram descritas a partir do último século antes de Cristo nos textos apocalípticos judaicos e posteriormente absorvidas e recontadas em textos cristãos, até mesmo no Novo Testamento. A associação da serpente com o diabo foi bem posterior à época em que o Gênesis foi escrito e não fazia parte do mito original.[41]

Retomemos o encontro entre a serpente e Eva no jardim do Éden.

Iahweh Deus tomou o homem e o colocou no jardim de Éden para o cultivar e o guardar. E Iahweh Deus deu ao homem este mandamento: "Podes comer de todas as árvores do jardim. Mas da árvore do conhecimento do bem e do mal não comerás, porque no dia em que dela comeres terás que morrer" (Gn 2: 16 -17).

A serpente era o mais astuto de todos os animais dos campos, que Iahweh Deus tinha feito. Ela disse à mulher: "Então Deus disse: Vós não podeis comer de todas as árvores do jardim?" A mulher respondeu à serpente: "Nós podemos comer do fruto das árvores do jardim. Mas do fruto da árvore que está no meio do jardim, Deus disse: 'Dele não comereis, nele não tocareis, sob pena de morte'. A serpente disse então à mulher: "Não, não morrereis! Mas Deus sabe que, no dia em que dele comerdes, vossos olhos se abrirão e vós sereis como deuses, versados no bem e no mal." A mulher viu que a árvore era boa ao apetite e formosa à vista, e que essa árvore era desejável para adquirir discernimento. Tomou-lhe do fruto e comeu. Deu-o também a seu marido, que com ela estava e ele comeu. Então abriram-se os olhos dos dois e perceberam que estavam nus; entrelaçaram folhas de figueira e se cingiram. (Gn 3: 1 – 7).

Se levarmos ao pé da letra, a serpente não estava errada. Eles não morreram imediatamente ao comer da árvore e adquiriram conhecimento. Não foi o fruto da árvore em si que provocou a morte, mas a punição de Iahweh que os tornou seres mortais por terem desobedecido às suas ordens. Ordem, aliás, que foi dada a Adão antes de Eva ser criada.

Joseph Campbell nos fala um pouco sobre alguns significados mitológicos da serpente. Ela é o símbolo da vida se desfazendo do passado e continuando a viver, como quando troca sua pele. Em muitas culturas, a serpente é vista como algo positivo, como no budismo, onde a Serpente Rei está ao lado de Buda, ou no hinduísmo, em que a naja é sagrada. Na história judaico-cristã a serpente é vista como sedutora por uma recusa em afirmar a vida como algo positivo. A tradição bíblica nos diz que a vida é corrupta e todo impulso natural é pecaminoso. "Essa identificação da mulher com o pecado, da serpente com o pecado e, portanto, da vida com o pecado, é um desvio imposto à história da criação, no mito e na doutrina da queda, segundo a Bíblia".[42]

O relato continua com Iahweh passeando pelo jardim e surpreendendo Eva e Adão escondidos pela vergonha de estarem nus.

Iahweh Deus chamou o homem: "Onde estás?", disse ele. "Ouvi teu passo no jardim," respondeu o homem; "tive medo porque estou nu, e me escondi." Ele retomou: "E quem te fez saber que estavas nu? Comeste, então, da árvore que te proibi de comer!" O homem respondeu: "A mulher que puseste junto de mim me deu da árvore, e eu comi!" Iahweh Deus disse à mulher: "Que fizeste?" E a mulher respondeu: "A serpente me seduziu e eu comi (Gn 3: 9 -13).

Ao serem surpreendidos por Deus, Eva e Adão tentam se eximir da culpa. Adão, antes mesmo de acusar Eva, acaba culpando o próprio Deus, já que foi ele quem colocou Eva ao seu lado. Depois, Eva é responsabilizada porque foi ela quem ofereceu o fruto (que não é uma maçã, acrescentada posteriormente pela tradição). Adão tinha sido pessoalmente advertido por Deus de que morreria se comesse do fruto e aceitou comê-lo sem ao menos ponderar com Eva. Seria ele inocente ou desobediente? Um inocente colocaria a culpa em outra pessoa? Eva, por sua vez, culpa a serpente, sendo que, no diálogo, não resta dúvida de que ela sabia da proibição, mas não conhecia todas as consequências do ato de comer do fruto. Ela acreditou na serpente porque não tinha conhecimento do mal, foi ingênua. Eva achou que seria bom ter discernimento e aceitou o oferecimento da serpente.

Iahweh, por sua vez, atribui punições a todos os três conforme o relato:

Então Iahweh Deus disse à serpente: "Porque fizeste isso és maldita entre todos os animais domésticos e todas as feras selvagens. Caminharás sobre teu ventre e comerás poeira todos os dias de tua vida. Porei hostilidade entre ti e a mulher, entre tua linhagem e a linhagem dela. Ela te esmagará a cabeça e tu lhe ferirás o calcanhar." À mulher ele disse: "Multiplicarei as dores de tuas gravidezes, na dor darás à luz filhos. Teu desejo te impelirá ao teu marido e ele te dominará." Ao homem, ele disse: "Porque escutaste a voz de tua mulher e comeste da árvore que eu te proibira comer, maldito é o solo por causa de ti! Com sofrimentos dele te nutrirás todos os dias de tua vida. Ele produzirá para ti espinhos e cardos, e comerás a erva dos campos. Com o suor de teu rosto comerás teu pão até que retornes ao solo, pois dele foste tirado. Pois tu és pó e ao pó tornarás" (Gn 3: 14 – 20).

Deus os pune com sofrimentos e com a perda da imortalidade. Não só a dor, mas a gravidez em si é imposta como punição à mulher, porque na antiga condição de inocência não havia sexo, nem concepção. A narrativa vai de encontro à anterior, que mandava que o casal se multiplicasse (Gn 1: 28). A ideia contradiz ensinamentos posteriores no *Novo Testamento* como a *Primeira Epístola a Timóteo*:

Durante a instrução a mulher conserve o silêncio, com toda a submissão. Não permito que a mulher ensine ou domine o homem. Que conserve, pois, o silêncio. Porque primeiro foi formado Adão, depois Eva. E não foi Adão que foi seduzido, mas a mulher que, seduzida, caiu em transgressão. Entretanto, ela será salva pela sua maternidade, desde que, com modéstia, permaneça na fé, no amor e na santidade (1 Tm. 2: 11 -15).

Como veremos mais à frente, a autoria desta carta atribuída a Paulo é contestada por muitos estudiosos. Mas independente disso, como poderiam o homem e a mulher multiplicarem-se sem o conhecimento sexual? Como pode a mulher ser salva pela sua maternidade, se ela só passou a ficar grávida depois que comeu do fruto proibido e por causa da punição divina? Se tanto homem como mulher foram punidos por sua desobediência, porque só a mulher é apontada como transgressora pelo autor da *Primeira Epístola a Timóteo*? A culpa é da Eva?

Entretanto, a história continua com a expulsão do jardim, traduzido como paraíso na versão grega.

Depois disse Iahweh Deus: "Se o homem já é como um de nós, versado no bem e no mal," que agora ele não estenda a mão e colha também da árvore da vida, e coma e viva para sempre!" E Iahweh Deus o expulsou do jardim de Éden para cultivar o solo de onde fora tirado. Ele baniu o homem e colocou, diante do jardim de Éden, os querubins e a chama da espada fulgurante para guardar o caminho da árvore da vida (Gn 3: 22 – 24).

Com quem Iahweh estava conversando quando disse que o homem já é um de nós, se ele é o único Deus? Seria Aserá a sua consorte? A narrativa não explicita.

A expulsão do paraíso se deu não porque comeram do fruto do bem e do mal, mas para evitar que eles se tornassem deuses imortais. Supõe-se que se eles já tinham conhecimento do bem e do mal só comeriam o fruto da árvore da vida se isso fosse algo bom. Mesmo assim, Iahweh os afastou da árvore definitivamente para que não houvesse outros deuses além dele e de quem quer que seja que estivesse com ele no jardim. Encontramos outra contradição, agora no texto do Salmo 82 e nas palavras de Jesus na expressão: " Vós sois deuses".

Deus está presidindo uma assembleia divina em meio a deuses dos quais não foram citados os nomes e está julgando os juízes humanos que não faziam justiça ao seu povo. Eis o texto:

Deus preside, na assembleia divina, em meio aos deuses ele julga:
"Até quando julgareis falsamente,

Sustentando a causa dos ímpios? (...)
Eles não sabem, não entendem, vagueiam em trevas:
Todos os fundamentos da terra se abalam.
Eu declarei: vós sois deuses,
Todos vós filhos do Altíssimo;
Contudo morrereis como qualquer homem,
Cairei como qualquer, ó príncipes". (Sl 82: 1 – 2; 5 – 7)

Jesus novamente atribuiria divindade aos humanos quando foi ameaçado de apedrejamento pelos judeus por sugerir que ele próprio fosse divino, dizendo que ele e o pai eram um. Disse Jesus: "Não está escrito em vossa Lei: Eu disse: Sois deuses? " (Jo 10: 34)

A interpretação dada a essas passagens é que a atribuição de divindade é metafórica porque foi dirigida aos juízes e o atributo de julgar é de Deus. Mas sem o discernimento como o homem poderia julgar qualquer coisa? A capacidade de planejar e julgar é um dos principais atributos que nos distinguem dos animais. Não seríamos completamente humanos sem o conhecimento.

A tradição bíblica da queda do paraíso é a de que a natureza da vida como a conhecemos é corrupta, o sexo é pecaminoso e a mulher como incitadora do sexo é a fonte de todo o pecado. Sem o conhecimento do bem e do mal a humanidade, segundo a crença cristã, não existiria. A mulher traz a vida a este mundo e sem ela nós não existiríamos.

Martha Robles em seu livro *Mulheres, mitos e deusas* nos apresenta uma poética descrição de Eva:

A história de Eva é, afinal de contas, a história de uma ideia que representa a vida e o mundo. É também a referência iluminadora da palavra, semente das ideologias mais sugestivas e instrumento dual entre a luz e a escuridão. Desejo e remorso, gozo carnal, imaginação fundadora e força libertadora: ela é a mulher, a deusa, a mãe e a amante, a abnegada parideira de homens que atravessa os séculos trazendo o símbolo da queda; mas trazendo também a consciência eletiva de quem se atreveu a desvelar o mistério mais elevado: o da sabedoria que estava entranhada na árvore proibida, imaginado por Deus para que os homens sonhassem com sua própria divindade, mesmo a preço de aniquilar sua suposta semelhança com o Criador. Eva é, em síntese, o talento culpado que se arrepende de sua escolha racional, um pensamento gerador de contradições e a primeira tentativa de enriquecer o gozo herdado com o sonho da divindade, consumada no ato da criação. Com a humanização de Eva, o mundo realizou a etapa da morte de Deus e o renascimento racional por meio da paixão e do esquecimento. Eva está encarnada em cada mulher que pensa. Eva renasce naquela que, por seu talento criador, repete os ciclos da queda, da culpabilidade castigada e da restauração da ordem de uma fecundidade que não pode ser detida.[43]

Ao compararmos as histórias da criação da primeira mulher em Pandora e Eva, verificamos que, no caso da primeira, Pandora não teve escolha. Ela foi criada por Zeus para ser a portadora do mal que ele criou. Ninguém disse a ela que não deveria abrir o jarro. A intenção de abrir a caixa das maldades por curiosidade é acréscimo posterior, provavelmente por influência cristã. Pandora submeteu-se à vontade divina e trouxe o mal e o trabalho aos homens (trabalhar pelo sustento próprio e de sua família é tão ruim assim?).

Eva foi criada para ser companheira do homem. Mas ela teve uma escolha proporcionada não por Deus, que queria mantê-la na ignorância, mas pela astuta serpente. Ela optou pelo conhecimento, foi punida e expulsa. A tradição bíblica a culpou pela origem dos males e frequentemente a associou ao demônio, que foi uma criação posterior.

Que outra opção nós, mulheres, poderíamos ter em um mundo dominado pelos homens? Submetendo-nos a Zeus como Pandora ou sendo insubmissas às ordens de Deus como Eva, nós fomos culpadas pelas mazelas humanas e punidas por isso ao longo dos séculos, até os dias atuais, como veremos nos próximos capítulos.

Nenhuma mulher escreveu essas histórias, ao que sabemos. Só temos a versão que atende aos interesses masculinos. Mas eu não sou a única a pensar em como as coisas teriam sido diferentes se a versão fosse outra. Eduardo Galeano também refletiu sobre isso quando escreveu as célebres palavras:

Se Eva tivesse escrito o Gênesis, como seria a primeira noite de amor do gênero humano? Eva teria começado a esclarecer que ela não nasceu de nenhuma costela, nem conheceu nenhuma cobra, nem ofereceu maçãs para ninguém, e que Deus nunca lhe disse: 'Parirás com dor' e 'Teu marido te dominará'. Que todas essas histórias são puras mentiras que Adão contou à imprensa.[44]

Além de Eva e Pandora, encontramos em um mito sumeriano arcaico, adaptado pelo judaísmo, a figura de Lilith, que, segundo algumas tradições, foi a primeira mulher de Adão, antes mesmo da criação de Eva.

Nos textos judaicos chamados *Midrash,* encontramos interpretações de histórias bíblicas feitas por rabinos para preencher lacunas no texto bíblico, visando um melhor entendimento e interpretação. A primeira criação do ser humano no Gênesis, estando em discordância com a segunda, que explica a criação de Eva, foi interpretada de modos diversos pelos judeus. Uma das hipóteses encontradas nos *Midrash* para harmonizar as duas narrativas foi atribuir a Adão uma esposa anterior à Eva, criada do barro como ele. Passagens relativas a essa possível mulher foram acrescentadas ao texto judaico conhecido como *Beresit Rabba,* que trata da interpretação do Gênesis por diversos rabinos.

A existência de Lilith é explicada pelo fato de que, antes de criar Eva, já havia o relato de Deus criando o homem e mulher a sua semelhança (Gn 1: 27) e depois, quando Deus criou Eva de uma costela, Adão exclamou: "Esta sim é osso de meus ossos e carne de minha carne!" (Gn 2: 23), deixando a entender que antes houvera outra mulher que não havia sido criada como parte dele. Encontramos um comentário no *Beresit* que indica que ao ver a mulher criada cheia de saliva e sangue, Adão afastou-se dela e pediu a Deus que criasse outra, agora na forma de Eva. A primeira mulher teria desagradado Adão pelo seu componente sexual e impuro representado pelo sangue, provavelmente menstrual, e saliva, que denota lascívia na cultura judaica.[45]

Outra interpretação dada em comentários cabalísticos reunidos pelo *Rabi Reuben ben Hoshke Cohen,* fala sobre o nascimento de Lilith, dizendo que ela foi criada do pó como Adão, mas a este pó foram misturados excrementos e sujeira, resultando na criação de uma mulher inferior ao homem e impura. Lilith, segundo outra interpretação rabínica, teria sido criada nos últimos momentos da sexta-feira junto com os répteis e os demônios. Durante o dia de sábado, em que o senhor repousou, Adão teria consumado sua relação sexual com Lilith que, revelando sua verdadeira natureza, seria, a partir de então, associada à serpente que tentou Eva no paraíso e também aos demônios. Por ser a primeira mulher um demônio, o sexo se tornaria algo inescrupuloso e diabólico.

É bastante clara a intenção da interpretação rabínica de modificar o trecho bíblico de Gênesis em que homem e mulher foram criados iguais em semelhança a Deus, demonstrando a misoginia que por vezes é expressada nos escritos rabínicos, exclusivamente masculinos.

Em outro livro judaico, o *Alfabeto de Ben-Sira,* composto por volta do século VII d.C, encontramos o mito completo de Lilith como predecessora de

Eva. Durante a relação sexual, Lilith recusou-se a ficar por baixo, argumentando que não era justo ela ser dominada por Adão, já que ambos tinham sido criados iguais. Adão recusou-se a inverter a posição. Lilith blasfemou pronunciando irritada o nome de Deus. Não querendo se submeter, ela abandonou o jardim enquanto Adão dormia e fugiu para o Mar Vermelho (as águas são tradicionalmente locais relacionados a demônios no judaísmo). Quando descobriu a fuga, Adão pediu a Deus que a trouxesse de volta. Três anjos foram enviados para resgatá-la, mas ela se recusou a voltar e se submeter a Adão. Os anjos a ameaçaram de morte. Ela respondeu:

Como poderei morrer, se Deus mesmo me encarregou de me ocupar de todas as crianças nascidas homens até o oitavo dia de vida, a data da circuncisão e das mulheres até os vinte dias?[46]

Os anjos informaram que Deus mataria cem de seus filhos por dia e ela, por sua vez, respondeu que mataria todos os recém–nascidos após o período de oito dias para os meninos e vinte dias para as meninas, com exceção daqueles que tivessem um amuleto protetor com o nome dos três anjos. Assim, o *Alfabeto de Ben-Sira* nos diz que Lilith, acasalando-se com diabos, dava à luz cem demônios por dia que eram exterminados por Deus. Lilith então se vingava estrangulando bebês desprotegidos e deitando-se com homens que dormiam desacompanhados em suas casas.

Ao analisarmos o mito de Lilith, fica claro que ele serve ao propósito de manter as mulheres submissas e associadas a todo tipo de mal, inclusive à morte de seus próprios bebês, e ao fato do marido não ter culpa de ter uma relação extra conjugal, já que ele teria sido iludido por Lilith.

Vejamos outros comentários rabínicos sobre as mulheres.[47] O Rabi Johanan B. Beroqah disse: "Foi dito: o homem obriga a mulher a não sair, porque cada mulher que sai, no final cai. E esta é a supremacia do homem sobre a mulher!"

Outras questões do Beresit-Rabba: "Por que nos funerais as mulheres vão sempre na frente do morto? Porque trouxeram a morte ao mundo." "Por que foi dado à mulher o preceito do lume no sábado? Porque apagou a alma de Adão."

Então devemos refletir, baseados nos mitos de criação das mulheres representadas por Pandora, Eva e Lilith, que às mulheres foram imputadas: as dores do mundo, a queda dos homens, a perda da imortalidade, o esforço do trabalho, a associação sexual a atos demoníacos e a culpa pelo pecado de toda a humanidade. Mas que opções nós tivemos segundo estes mitos? Pandora foi criada como um objeto bonito e sedutor que trazia consigo as mazelas humanas, fruto da vingança divina de um Deus masculino. Lilith, criada em iguais condições ao homem, quando reivindicou a igualdade foi punida pela vingança divina de um Deus masculino. Eva, criada para ser a substituta submissa de Lilith, quis mudar seu destino e foi alvo da vingança divina de um Deus masculino. Deuses masculinos, cujas mitologias foram criadas por homens em sociedades controladas por homens foram os responsáveis por séculos de opressão feminina, de direitos negados, de violências sofridas. Ainda hoje, depois de tanto esforço para a emancipação feminina, há muitas religiões, baseadas em mitos e tradições arcaicas, que negam o direito às mulheres de serem protagonistas de suas próprias vidas, de aceitar sua sexualidade como algo natural e próprio do ser humano, de viver sem se culpar por todo o pecado do mundo. Por que devemos carregar eternamente o pecado imputado a Eva? Até quando nós mulheres carregaremos o peso da culpa imposta a nós pela interpretação de Deus feita pelos homens?

Capítulo 5: As mulheres nas escrituras judaicas

Bendito sejas tu, Eterno, nosso Deus, Rei do Universo que não me fizeste mulher [48]

Ao escrever sobre a participação feminina na história das religiões e buscar causas históricas, culturais e sociais para o papel atribuído às mulheres como deusas e religiosas, seria impossível abordar todas as religiões existentes e as já extintas em um único livro. Ainda assim, a apresentação e análise global das primícias da história mitológica e religiosa nos capítulos anteriores, embora não tenha sido possível esgotar todo o assunto, nos deu uma base para compreender a formação do pensamento mítico e religioso que foi o alicerce e a principal influência das mais diversas religiões até os dias atuais. Partindo dessas premissas, o desenvolvimento deste livro, a partir de agora, será concentrado na participação feminina nos textos sagrados e nas práticas das religiões que mais influenciaram o mundo ocidental: o judaísmo e o cristianismo.

Para entender a participação feminina na religião judaica é necessário entender a sua origem na religião dos hebreus. Para auxiliar a interpretação, utilizarei como exemplo trechos que se encontram no chamado *Antigo Testamento* e que têm correspondência na *Tanack*, a Bíblia hebraica.

Tanack é um acrônimo formado pelas primeiras letras de Torá, *Neviim* e *Ketuvin*. A Torá é também conhecida como Pentateuco, constituído pelos cinco primeiros livros da Bíblia: Gênesis, Êxodo, Levítico, Números e Deuteronômio. *Neviim* é o nome dado aos escritos dos profetas e *Ketuvin* refere-se aos demais escritos da Bíblia judaica. A diferença entre a *Tanack* e o *Antigo Testamento* católico, além da divisão diferenciada dos livros, é que a versão católica contém os livros considerados pelos judeus como deuterocanônicos: Tobias, Judite, I Macabeus, II Macabeus, Sabedoria, Eclesiástico e Baruque, além de trechos de Ester e Daniel que não fazem parte da composição da *Tanack*.

A história do povo hebreu foi contada na Bíblia em livros que foram sendo escritos ao longo de séculos, por diversos autores, em relatos permeados de um acentuado conteúdo teológico.

Segundo a Bíblia, o início da história hebraica, tradicionalmente, começa com a saga do patriarca Abraão que, por volta do século XX a.C, saiu de Ur rumo a Canaã. Ela prossegue com o seu neto Jacó, que foi chamado Israel, cujos filhos tornaram-se os ancestrais das doze tribos, que migraram para o Egito em um período de fome. Escravizados no Egito, foram libertados por Moisés em torno do ano 1500 a.C. e rumaram para Canaã onde se estabeleceram. Organizados de forma tribal, no início foram governados por juízes até que um rei foi escolhido para governar o povo, Saul, que foi sucedido pelos grandes reis: Davi e Salomão. Após a morte de Salomão ocorreu a divisão das tribos em dois reinos: Israel e Judá. O reino de Israel foi invadido pelos assírios e as dez tribos do norte que o formavam desapareceram dos relatos bíblicos. As duas tribos do sul, que formavam Judá, também sofreram invasões pelos babilônios e grande parte do povo foi exilado a partir de 586 a.C., ano em que o Templo de Jerusalém foi destruído. Libertados por Ciro, o rei da Pérsia, retornaram a Jerusalém onde permaneceram ora livres, ora sob controle de outros povos, entre eles o Império Romano que foi o responsável pela expulsão definitiva dos judeus de Jerusalém no ano 70 d.C. Essa saga do povo hebreu, que deu origem ao povo judeu e ao judaísmo, é contada nos livros da *Tanack*.

Apesar destes acontecimentos remontarem a muitos séculos, diversos pesquisadores atuais entendem que o registro por escrito das tradições orais dos hebreus só começou aproximadamente no século VIII a.C. As histórias que eram contadas pelas tradições de Israel, denominada eloísta, e de Judá, denominada javista, ainda que apresentassem algumas diferenças, foram sendo reunidas para formar um único relato. Com o tempo, foram acrescentados novos escritos, principalmente na época da reforma do *Templo de Salomão* liderada por Josias (622 a.C.), que ficaram conhecidos como textos deuteronomistas. A história dos hebreus foi então parcialmente reescrita acrescentando mais um livro, o *Deuteronômio*, novos relatos sobre Moisés e Josué, novos códigos legais, além de uma história sobre os reinos de Israel e Judá, nos livros de *Samuel* e *Reis*. No período do exílio na Babilônia alguns sacerdotes reviram as narrativas e acrescentaram os livros *Números* e *Levítico* utilizando de material antigo, porém o adaptando a um povo que tinha perdido sua terra, seu templo e sua esperança. No século IV a.C., Esdras tornou-se o "guardião da tradição" e elevou a Torá acima dos demais escritos, sendo nomeada pela primeira vez como a Lei de Moisés, tornando-se finalmente escritura sagrada. Os outros livros do *Antigo Testamento* continuaram a ser produzidos ao longo de muitos anos até o primeiro século da nossa era.

A partir do conhecimento da formação de parte da Bíblia, verificamos que ela foi escrita por vários autores e modificada várias vezes, durante um longo período, criando obstáculos à comprovação da sua historicidade. Os textos que tratam das leis, de tradição deuteronomista e sacerdotal, são posteriores a vários relatos da história do povo hebreu, dificultando que possamos verificar se os costumes e preceitos legais remontam realmente à época em que ocorreram os fatos ou são interpretações anacrônicas posteriores.

Descobertas arqueológicas, durante muito tempo, foram utilizadas para comprovar que a Bíblia estava correta. Antecipando o resultado esperado nas pesquisas, nem sempre tiveram a isenção necessária a uma análise histórica mais condizente com a realidade. Um exemplo de livro que utiliza arqueologia para comprovar a exatidão das Escrituras é *E a Bíblia tinha razão,* do alemão Werner Keller. De acordo com suas pesquisas, ele afirma comprovar que o êxodo realmente ocorreu como descrito e explica, inclusive, a origem nada miraculosa do Maná que alimentava o povo no deserto.

Há realmente muitas escavações arqueológicas que comprovam a existência de cidades citadas na Bíblia e textos antigos que mencionam alguns dos seus personagens, mas não é possível afirmar, com absoluta certeza, que todos os relatos bíblicos ocorreram exatamente como foram descritos. Um dos motivos pelos quais os estudiosos bíblicos contestam que o *Pentateuco*, ou *Torá,* tenha sido escrito por Moisés é justamente porque o último deles, o *Deuteronômio*, descreve com precisão o momento e as circunstâncias em que ocorreu a morte do próprio Moisés. Os diferentes relatos da criação em Gênesis também são fatores determinantes para se crer que houve mais de um autor.

A permanência do povo hebreu como escravos no Egito, na época de Ramsés II, no século XIII a.C., conforme se infere da narrativa do Êxodo, não é citada em nenhum dos diversos documentos da época. É o que afirmam Finkelstein e Silberman no livro *A Bíblia não tinha razão*. A saída de Moisés do Egito com o povo hebreu, conhecida como êxodo, é contestada por muitos historiadores por falta de indícios arqueológicos suficientes, além dos diversos indícios documentais de que as fronteiras egípcias que davam acesso a Canaã eram fortificadas e cheias de soldados, o que tornaria a fuga de um imenso grupo de hebreus muito improvável. O consenso geral entre os estudiosos bíblicos, ainda que não haja unanimidade, é que o êxodo não é histórico. A narrativa contida na Bíblia reflete as condições do século VII ou

VI a.C., quando se escreveu a maioria dos textos. As primeiras partes da Bíblia sugerem que Iahweh, também chamado de Javé, era um deus das montanhas das tribos do sul que migraram para as terras altas de Canaã levando a tradição de Iahweh. Alguns podem ter migrado do Egito e outros que viviam sob o domínio egípcio nas Cidades-Estado do litoral podiam achar que realmente foram libertados do Egito, mas em sua própria terra. Os relatos bíblicos eram sagas nacionais épicas que interpretavam a história do povo criando uma identidade nacional.[49]

Contudo, há quem defenda, cientificamente, que a Bíblia é expressão de verdades históricas incontestáveis. Carl Drews, engenheiro do Centro Nacional de Pesquisa Atmosférica dos EUA (NCAR), afirma que pode comprovar como ocorreu a salvação dos judeus no episódio mais conhecido do Êxodo, a travessia do Mar Vermelho. Drews, junto com outro colega cientista Weiqing Han, analisou a região e chegou a um local a leste do Delta do Nilo, Tell Kedua. Com a ajuda de um satélite que monitorou a área, fez um modelo computadorizado do local, modificando o terreno para que ficasse nas mesmas condições que tinha há cerca de 3 mil anos, suposta época do relato bíblico. Ele aponta que um vento de 100 km por hora, soprando por 12 horas, poderia atingir uma faixa de mar com pouco mais de dois metros de profundidade formando um caminho que seria suficiente para a passagem dos fugitivos do Egito.[50] Assim que o vento parasse de soprar, as águas rapidamente voltariam ao seu estado original. Ainda que haja essa possibilidade, embora ele não tenha levado em conta a dificuldade da travessia com idosos e crianças em um vento desta magnitude, isso por si só não prova que foi assim exatamente que tudo ocorreu. É uma hipótese, a certeza permanece como uma questão de fé. Por outro lado, a explicação científica tira o caráter extraordinário do sentido de milagre como algo aparentemente impossível que só Deus poderia realizar. Tratado como um fenômeno natural, há a descaracterização da ação divina sobre o êxodo, conforme relatado na Bíblia.

Outros estudiosos afirmam que a travessia do Mar Vermelho não ocorreu da maneira como encontrada nos nossos textos atuais, foi um erro de tradução. O que foi traduzido como Mar Vermelho na realidade designava Mar de Juncos que se refere a uma região próxima ao local referido no Êxodo.[51]

Ainda que haja dificuldade em provar cientificamente a historicidade bíblica, dizer que os relatos que ela apresenta não ocorreram exatamente como descritos, não desmerece a sua importância como livro sagrado e fonte de pesquisa da história do povo hebreu e judeu. Retirando a camada mítica, resta um rico material de estudo. De qualquer forma, a análise dos escritos sagrados é muito útil para entendermos o pensamento e os costumes da época em que foram escritos ou modificados.

Por ser uma religião inicialmente de povos nômades, que se desenvolveu ao longo do tempo em comunidades da diáspora, dispersos em vários países e culturas diferentes, houve uma grande influência do meio social e cultural nos seus hábitos. Um exemplo a ser citado é a questão da poligamia, aceita nas narrativas mais antigas e nos países de influência muçulmana, também foi combatida nas épocas em que se buscava maior pureza, como no período do exílio na Babilônia. A influência helênica, principalmente na época do domínio das terras judaicas pelos macedônios e romanos, foi um dos fatores de mudanças religiosas que influenciou a forma de tratamento das mulheres. A proximidade dos mitos de Pandora e Eva é um dos exemplos deste intercâmbio cultural e religioso, que se tornou ainda mais evidente com o surgimento do cristianismo, que mesclou preceitos religiosos judaicos com práticas helênicas oriundas do paganismo.

No período em que a Bíblia começou a ser compilada, século VII a.C., as histórias que eram contadas referiam-se a uma sociedade hebraica anterior a esse período, rural, patriarcal e predominantemente pastoril.[52] O patriarca tinha autoridade absoluta com poder de decidir o destino das filhas, com quem elas se casariam, podendo condená-las à morte e até mesmo as vender como escravas ou concubinas. Após o casamento, a mulher passava a pertencer ao marido e fazer parte de uma nova família, que poderia incluir outras esposas.

Conforme os relatos bíblicos, percebemos que a mulher era muitas vezes considerada um ser inferior, quase como um objeto, que poderia ser negociado como posse ou espólio de guerra e seus direitos eram muito limitados. No texto do decálogo, leis recebidas por Moisés provenientes de Iahweh, encontramos o seguinte mandamento:

Não cobiçarás a mulher do teu próximo; nem desejarás para ti a casa do teu próximo, nem o seu campo, nem o seu escravo, nem a sua escrava, nem o seu boi, nem o seu jumento, nem coisa alguma que pertença a teu próximo." Tais foram as palavras que, em alta voz, Iahweh dirigiu a toda a vossa assembleia no monte, do meio do fogo, em meio a trevas, nuvens e escuridão. Sem nada acrescentar, escreveu-as sobre duas tábuas de pedra e as entregou a mim (Dt 5: 21 – 22).

A mulher é citada no rol dos bens como: bois, jumentos e escravos e sua situação é fadada a ser a mesma enquanto durar a aliança com Iahweh, já que Moisés diz que nada mais havia a acrescentar à lei.

No entanto, é importante frisar que essa situação feminina não era exclusiva dos hebreus, outros povos contemporâneos patriarcais também tinham costumes parecidos.

Entre os diversos relatos que traziam a mulher como subordinada ao patriarca, houve também casos de mulheres importantes e influentes que fizeram parte da história hebraica. Serão abordados alguns exemplos mais a frente, porém, foram exceções e não a regra.

Alguns exemplos bíblicos nos ajudam a entender a relação de dominação e posse que o patriarca exercia sobre suas mulheres. No episódio da destruição de Sodoma descrito no Gênesis, Ló, sobrinho de Abraão viu a aproximação de dois anjos aos portões da cidade. Ele os convidou a pernoitarem em sua casa. Algum tempo depois, ela foi cercada pelos homens de Gomorra que diziam: "Onde estão os homens que vieram para tua casa esta noite? Traze-os para que deles abusemos." (é isso mesmo, os habitantes queriam estuprar os anjos/homens. Vem deste episódio a expressão sodomita). Ló não permitiu e propôs um acordo:

> Suplico-vos, meus irmãos, não façais o mal! Ouvi: tenho duas filhas que ainda são virgens; eu vo-las trarei: fazei-lhes o que bem vos parecer, mas a estes homens nada façais, porque entraram sob a sombra de meu teto (Gn 19: 7- 8).

Felizmente, os anjos impediram a saída das meninas e a entrada dos homens e fizeram com que os baderneiros estupradores ficassem cegos. Depois de colocar a salvo a família de Ló, toda a cidade, e não apenas os homens malfeitores, foi destruída.

Para não descumprir a regra de hospitalidade, Ló estava disposto a entregar suas filhas para serem estupradas por todos os homens da cidade, sem exceção, conforme relatado no trecho bíblico. O episódio continuou com a mulher de Ló virando uma estátua de sal, punição por ter desobedecido a ordem do anjo que a avisou para que não olhasse para trás, visível crítica à curiosidade feminina.

A história da mulher de Ló é interpretada de um modo diferente em um *midrash* rabínico. *Midrash* é uma forma narrativa criada por volta do século I a.C. na Palestina pelo povo judeu. A palavra *Midrash* vem da junção de duas palavras hebraicas *Mi* que significa quem e *Darash* que significa pergunta, o significado prático é investigar ou averiguar. *Midrash* pode significar tanto um tipo de literatura quanto uma forma de interpretação da literatura bíblica. Era o método usado por alguns escribas para chegarem ao sentido de uma passagem da Torá, é um método de interpretação rabínica, um método exegético.[53]

Segundo o *midrash,* o nome da esposa de Ló era Irit. Ela e Ló tinham quatro filhas e duas, que eram casadas, permaneceram em Sodoma. Irit teve pena de suas filhas mais velhas que ficaram na cidade e por isso virou para ver se elas não tinham mudado de ideia, abandonado os maridos e os seguido. Por ter virado para Sodoma, como qualquer mãe preocupada faria, ela transformou-se em sal. Neste caso não foi a curiosidade, nem a desobediência que resultou na sua morte e sim a piedade de uma mãe que não esqueceu suas filhas. Parece que alguns rabinos tiveram pena do fim trágico de Irit e interpretaram a história de uma maneira mais favorável a ela.[54]

Após a tragédia ocorrida com a esposa de Ló, ele pediu aos anjos que não destruíssem a cidade de Segor, onde ele se abrigou inicialmente com suas filhas. Após presenciar a destruição de Sodoma e Gomorra, ele temeu ficar na cidade e resolveu ir para uma caverna nas montanhas. As filhas de Ló, percebendo que estavam isoladas com o pai e pensando que não haveria outros homens que pudessem se unir a elas, arquitetaram um plano:

A mais velha disse à mais nova: "Nosso pai é idoso e não há homem na terra que venha unir-se a nós, segundo o costume de todo o mundo. Vem, façamos nosso pai beber vinho e deitemo-nos com ele; assim suscitaremos uma descendência de nosso pai." Elas fizeram seu pai beber vinho e naquela noite a mais velha veio deitar-se junto de seu pai, que não percebeu nem quando ela se deitou, nem quando se levantou. No dia seguinte, a mais velha disse à mais nova: "Na noite passada eu dormi com meu pai; façamo-lo beber vinho também nesta noite e vai deitar-te com ele; assim suscitaremos uma descendência de nosso pai." Elas fizeram seu pai beber vinho também naquela noite, e a menor deitou-se junto dele, que não percebeu nem quando ela se deitou, nem quando se levantou. As duas filhas de Ló ficaram grávidas de seu pai. A mais velha deu à luz um filho e o chamou Moab; é o pai dos moabitas de hoje. A mais nova deu também à luz um filho e o chamou Ben-Ami; é o pai dos Benê--Amon de hoje (Gn 19: 31-38).

O episódio incestuoso não informa se as meninas foram punidas, mas o fato do pai estar bêbado e não perceber que estava se "deitando" com suas filhas, certamente serviu para provar que as mulheres foram ardilosas e que Ló era completamente inocente de qualquer delito.

Outro exemplo de controle dos homens sobre o destino das mulheres, que também envolve incesto, vem de Abraão e da sua esposa, que antes da aliança com Iahweh se chamavam Abrão e Sarai. Iahweh havia feito um pacto com Abrão e lhe prometeu uma grande descendência. Ele deveria sair de sua terra com sua família e ir para Canaã. No caminho houve um período de fome e Abrão foi para o Egito. Quando estava chegando ao Egito, disse à sua mulher Sarai:

Vê, eu sei que és uma mulher muito bela. Quando os egípcios te virem, dirão: 'É sua mulher,' e me matarão, deixando-te com vida. Dize, eu te peço, que és minha irmã, para que me tratem bem por causa de ti e, por tua causa, me conservem a vida. De fato, quando Abrão chegou ao Egito, os egípcios viram que a mulher era muito bela. Viram-na os oficiais de Faraó e gabaram-na junto dele; e a mulher foi levada para o palácio de Faraó. Este, por causa dela, tratou bem a Abrão: ele veio a ter ovelhas, bois, jumentos, escravos, servas, jumentas e camelos. Mas Iahweh feriu Faraó com grandes pragas, e também sua casa, por causa de Sarai, a mulher de Abrão. Faraó chamou Abrão e disse: "Que me fizeste? Por que não me declaraste que ela era tua mulher? Por que disseste: 'Ela é minha irmã!', de modo que eu a tomasse como mulher? Agora eis a tua mulher: toma-a e vai-te!" (Gn 12: 11- 19)

Abrão entregou sua esposa a outro homem para proteger a sua própria vida e recebeu compensações financeiras, mas quem foi punido foi o faraó, que não sabia de nada. Ser homem e aliado de Iahweh era garantia de benefícios. O episódio se repete, de forma bastante semelhante, no capítulo vinte do Gênesis. Abraão foi morar em Gerara e novamente pediu que sua esposa mentisse dizendo que era sua irmã.

Abraão disse de sua mulher Sara: "É minha irmã," e Abimelec, rei de Gerara, mandou buscar Sara. Mas Deus visitou Abimelec em sonho durante a noite, e lhe disse: "Vais morrer por causa da mulher que tomaste, pois ela é uma mulher casada." Abimelec, que ainda não tinha se aproximado dela, disse: "Meu Senhor, vais matar alguém inocente? Acaso não foi ele que me disse: 'É minha irmã,' e ela, ela mesma, não disse: 'É meu irmão'? Foi com boa consciência e mãos puras que fiz isso!" Deus lhe respondeu no sonho: "Também eu sei que fizeste isso em boa consciência, e fui eu quem te impediu de pecar contra mim, não permitindo que a tocasses. Agora, devolve a mulher desse homem: ele é profeta e intercederá por ti, para que vivas. Mas se não a devolveres, saibas que certamente morrerás, com todos os teus" (Gn 20: 2- 7).

Desta vez Sara, que já era muito idosa, porém, ainda desejável, foi protegida pela intervenção divina. Abraão então se justificou perante Abimelec.

Abraão respondeu: "Eu disse para comigo: Certamente não haverá nenhum temor de Deus neste lugar, e me matarão por causa de minha mulher. Além disso, ela é realmente minha irmã, filha de meu pai, mas não filha de minha mãe, e tornou-se minha mulher. Então, quando Deus me fez andar errante longe de minha família, eu disse a ela: Eis o favor que me farás: em todo lugar em que estivermos, dirás a meu respeito que eu sou teu irmão (Gn 20 : 11- 13).

Abraão confirmou a relação incestuosa e também que pediu a ela que mentisse sempre, negando ser sua esposa, para que ele fosse protegido.

Abraão foi então recompensado pela ofensa:

Abimelec tomou ovelhas e bois, servos e servas e os deu a Abraão, e lhe devolveu sua mulher Sara. Disse ainda Abimelec: "Eis que a minha terra está aberta diante de ti. Estabelece-te onde bem quiseres." A Sara, ele disse: "Eis aqui mil siclos de prata que dou a teu irmão. Isto será para ti um como véu lançado sobre os olhos de todos os que estão contigo" (Gn 20: 14-16).

Abraão recebeu dinheiro para eximir Sara da culpa de adultério e para que esquecesse a ofensa. Ele aceitou a oferta.

Abraão intercedeu junto de Deus e Deus curou Abimelec, sua mulher e seus servos, a fim de que pudessem ter filhos. Pois Iahweh tornara estéril o seio de todas as mulheres na casa de Abimelec, por causa de Sara, a mulher de Abraão (Gn 20: 17-18).

A farsa de Abraão foi tão bem sucedida que seu filho Isaac também disse que era irmão de sua esposa Rebeca, mulher tão bonita quanto Sara, quando foi habitar em Gerara. Mas Abimelec descobriu o engodo e proibiu que Rebeca fosse molestada. Isaac recebeu terras que semeou e ficou extremamente rico o que causou a inveja dos filisteus e a sua expulsão (Gn 26: 7 – 14).

A grande maldição das mulheres bíblicas é serem belas e estéreis. Feitas para a procriação, as mulheres que não concebiam filhos eram repudiadas e abandonadas. Na Bíblia nunca o homem é estéril, sempre a mulher, e quando há interesse as mulheres estéreis são abençoadas com a maternidade pela intercessão divina. O caso de Sara é o mais conhecido. Engravidou de Isaac já muito idosa após a visita de anjos. Toda a população feminina de Gerara ficou temporariamente estéril por causa da pretensão de Abimelec em cortejar Sara, mesmo sem saber que ela era esposa de Abraão. Outros exemplos são: a já citada Rebeca, esposa de Isaac, que somente por intercessão divina gerou os gêmeos rivais Esaú e Jacó, e a esposa de Manué, mãe de Sansão, que também era estéril. A mulher bela, desejável e estéril, causa de infortúnios do homem, é também exemplificada na história de Jacó e Raquel.

Jacó deveria tomar como sua esposa uma de suas primas maternas. Estava predestinado a ter uma grande descendência, conforme prometido por Deus em uma visão. Jacó viajou para a terra de sua mãe e encontrou no poço sua prima Raquel que levava seu rebanho de ovelhas para beber água. Ele ficou tão impressionado com ela que retirou sozinho uma pesadíssima pedra que cobria o poço e deu de beber ao rebanho que ela trazia. Em seguida ele a beijou e começou a chorar sem explicação (na Bíblia homem chora!). Ele disse que era parente do pai dela e então foi convidado a se hospedar na casa da família.

Já que Jacó se demorava na estadia, seu tio Labão propôs que ele recebesse um salário pelo seu trabalho. Apaixonado por Raquel que "tinha um belo porte e belo rosto", ele propôs trabalhar sete anos para se casar com a amada Raquel, a caçula de Labão. Vencido o prazo, na noite de núpcias, Labão entregou a Jacó a sua filha mais velha Lia e o casamento foi consumado. Jacó sentindo-se enganado - dessa vez não disseram que estivesse bêbado - foi reclamar e então soube que era costume da região casar a filha mais velha primeiro. Mas Labão propôs que, finda a semana de núpcias, ele entregaria também a ele Raquel por mais sete anos de trabalho. As irmãs negociadas como mercadorias tornaram-se ambas esposas de Jacó e ele ainda recebeu duas escravas para servir as filhas.

Como Lia não fosse amada, Iahweh a tornou fértil enquanto Raquel permaneceu estéril. A pobre Raquel foi punida por ser amada por seu marido! Lia deu quatro filhos a Jacó, mas ainda assim ele não a amava. Raquel teve inveja de sua irmã e desejando dar filhos a Jacó implorou que ele a engravidasse, no que ele respondeu: "Acaso estou no lugar de Deus que te recusou a maternidade?" Para dar descendência a seu marido, Raquel entregou sua serva Bala, artifício que tinha sido usado pela avó de Jacó, Sara, antes de engravidar e parir o pai dele, Isaac. Bala deu à luz dois filhos de Jacó que foram atribuídos a Raquel. Lia, que não mais concebia, mas querendo aumentar sua descendência, deu a Jacó sua serva Zelfa que lhe deu outro filho. Em troca de mandrágoras, planta tóxica com propriedades ditas afrodisíacas, Raquel prometeu a Lia que Jacó dormiria com ela, o que resultou em nova gravidez, tendo Lia ao todo seis filhos homens e uma mulher.

Então Deus se lembrou de Raquel: ele a ouviu e a tornou fecunda. Ela concebeu e deu à luz um filho; e disse: "Deus retirou minha vergonha;" e ela o chamou de José, dizendo: "Que Iahweh me dê outro!" (Gn 30: 22-24).

Todas as quatro mulheres de Jacó o serviram perfeitamente, dando-lhe filhos e a promessa de Deus de uma grande descendência se cumpriu.

Fica bastante claro que na sociedade hebraica a maternidade era obrigatória. Mulheres estéreis eram consideradas amaldiçoadas e frequentemente eram abandonadas por seus maridos. A tarefa maternal as obrigava a permanecer em casa cuidando da inumerável prole. Não que devamos renegar a maternidade, filhos são nosso legado para o mundo, nossas criações mais puras e perfeitas. Mas tudo que nós mulheres construímos merece ser valorizado. Somos mais do que reprodutoras, somos capazes de criar filhos e também obras de arte, além de criações literárias e produções científicas. Não somos apenas mães, somos mulheres talentosas que desejam a liberdade de poder criar e agir independente da imposição maternal. Mas, no mundo patriarcal, a mulher era quase sempre relegada a um segundo plano, sem escolha do seu próprio destino.

Encontramos ainda muitos outros casos em que a mulher é vista como posse de seus homens como em *Êxodo*, quando é apresentada a lei sobre os escravos.

Eis as leis que lhes proporás: Quando comprares um escravo hebreu, seis anos ele servirá; mas no sétimo sairá livre, sem nada pagar. Se veio só, sozinho sairá; se era casado, com ele sairá a esposa. Se o seu senhor lhe der mulher, e esta der à luz filhos e filhas, a mulher e seus filhos serão do senhor, e ele sairá sozinho. Mas se o escravo disser: 'Eu amo a meu senhor, minha mulher e meus filhos, não quero ficar livre', o seu senhor fá-lo-á aproximar-se de Deus, e o fará encostar-se à porta e às ombreiras e lhe furará a orelha com uma sovela: e ele ficará seu escravo para sempre (Ex 21: 1- 6).

O escravo é livre para partir depois de seis anos, mas se a esposa não era dele antes de ser escravo, ela é considerada posse do patrão, e se tiver filhos, ela e seus filhos serão do senhor. Que mulher após seis anos não teria filhos? Parece que essa seria a única vez que uma mulher teria vantagem em ser estéril, não veria seus filhos tornarem-se escravos também. De qualquer forma, sendo estéril, ainda que fosse possível, o marido provavelmente não iria querer levá-la, já que não poderia cumprir suas funções maternais.

Se alguém vender sua filha como serva, esta não sairá como saem os escravos. Se ela desagradar ao seu senhor, ao qual estava destinada, este a fará resgatar; não poderá vendê-la a um povo estrangeiro, usando de fraude para com ela. Se a destinar a seu filho, este a tratará segundo o costume em vigor para as filhas. Se tomar para si uma outra mulher, não diminuirá o alimento, nem a vestimenta, nem os direitos conjugais da primeira. Se a frustrar nessas três coisas, ela sairá sem pagar nada, sem dar dinheiro algum (Ex 21: 7-11).

A mulher não tinha direito à liberdade como os homens, após seis anos, e o texto ainda ensina como vender sua filha como escrava! Apenas no caso dela desagradar o senhor, ser dada ao filho e maltratada por este quando tomasse outra esposa ela seria libertada. Mas o que fazer com a liberdade uma ex-escrava indesejada? Quais seriam suas opções? O pai a vendeu, provavelmente se tornaria prostituta.

Outro relato impressionante de mulheres tratadas como posse é encontrado no livro de *Números*. Moisés estava em guerra com os madianitas.

Fizeram a guerra contra Madiã, conforme Iahweh ordenara a Moisés, e mataram todos os varões. Mataram ainda os reis de Madiã, Evi, Recém, Sur, Hur e Rebe, cinco reis madianitas; também passaram ao fio da espada Balaão, filho de Beor. Os filhos de Israel levaram cativas as mulheres dos madianitas com as suas crianças, e tomaram todo o seu gado, todos os seus rebanhos e todos os seus bens (Nm 31: 7-9).

Mulheres e crianças tiveram o mesmo tratamento do gado. Mas Moisés não ficou satisfeito com o espólio da guerra.

Disse-lhes: "Por que deixastes com vida todas essas mulheres? Foram elas que, por conselho de Balaão, se tornaram para os filhos de Israel a causa de infidelidade a Iahweh, no caso de Fegor: daí a praga que veio sobre toda a comunidade de Iahweh. Matai, portanto, todas as crianças do sexo masculino. Matai também todas as mulheres que conheceram varão, coabitando com ele. Não conserveis com vida senão as meninas que ainda não coabitaram com homem e elas serão vossas" (Nm 31: 15-18).

As mulheres impuras, que não eram virgens, foram culpadas pela praga que recaiu sobre Israel e os meninos inocentes também foram mortos. Mas as virgens foram poupadas, apenas para serem entregues aos soldados de Moisés. Difícil a sina das mulheres e crianças hebreias naquela época.

No livro de *Juízes*, Caleb ofereceu a própria filha como prêmio a quem vencesse a guerra (Jz 1:12).

Não há como negar que os homens também sofriam com as guerras, mas a diferença de tratamento é inequívoca.

Houve, no entanto, um caso em que um pai se arrependeu de ter feito uma promessa de guerra ao seu Deus, ainda que a tenha cumprido. Jefté, citado como o filho de uma prostituta que vivia rodeado de bandidos, fez um voto a Iahweh de que se vencesse os amonitas, aquele que saísse primeiro da porta da sua casa, quando ele voltasse, seria oferecido como sacrifício. Isso mesmo, sacrifício humano! Eis que Jefté foi vencedor e retornou são e salvo, sendo recebido por sua única filha.

Logo que a viu, rasgou as suas vestes e bradou: "Ai! Ai! filha minha! Tu me prostraste em angústia! Tu estás entre os que fazem a minha desgraça! Fiz um voto a Iahweh e não posso recuar!" Então ela lhe respondeu: "Meu pai, tu assumiste esse compromisso com Iahweh. Trata-me, pois, segundo o que prometeste, porque Iahweh concordou em te vingar de teus inimigos, os amonitas." Depois ela disse a seu pai: "Concede-me apenas isto: deixa-me ir por dois meses. Irei errando pelos montes e, com as minhas amigas, lamentarei a minha virgindade. "Vai," disse-lhe ele. E deixou-a ir por dois meses. Ela se foi, portanto, com suas amigas, e lamentou a sua virgindade pelos montes. Decorridos os dois meses, retornou a seu pai e ele cumpriu o voto que fizera. Ela não conhecera varão. Procede daí este costume em Israel: de ano em ano, as filhas de Israel saem quatro dias a lamentar sobre a filha de Jefté, o galaadita. (Jz 11: 35 – 40)

O pai acusou a filha de ter sido a sua desgraça por ter que cumprir a promessa que ele fez. A garota aceitou, não sem antes lamentar que morreria virgem. O pai assassinou a própria filha e o lamento da moça virou tradição em Israel.

Apesar da preocupação que encontramos na Bíblia em relação à virgindade da mulher antes do casamento e de encontrarmos severas regras de comportamento sexual, há no *Antigo Testamento* as mais variadas práticas relacionadas à moralidade sexual. No início da história dos hebreus, quando a organização social era patriarcal, tribal e pastoril, as práticas sexuais receberam muitas influências dos cultos de fertilidade pagãos e, principalmente em relação aos homens, havia certa liberdade sexual. Vimos que a poligamia e o concubinato eram aceitáveis e bastante comuns.

O primeiro polígamo de que se teve notícia na Bíblia foi Lamec, descendente de Caim, que teve duas esposas simultâneas: Ada e Sela. Abraão teve inicialmente uma esposa Sara, que entregou a própria escrava como concubina ao marido. Após a morte de sua primeira esposa, Abraão casou-se novamente com Cetura e teve ainda outras concubinas. (Gn 25: 1 -6). Os netos de Abraão, Esaú e Jacó também foram polígamos. Jacó, como vimos, teve duas esposas e duas concubinas.

Sempre que um homem fazia uma aliança com Deus, como foi o caso de Abraão e Jacó, uma grande descendência era parte da promessa. Várias mulheres eram a garantia de que haveria vários herdeiros que dariam continuidade ao pacto divino de adoração de um único Deus. Portanto, não é de se estranhar que os homens tivessem várias esposas. Filhos eram muito importantes para sociedades pastoris e agrárias pois significavam mão de obra para auxiliar os pais na velhice e garantia de farta produção. As mulheres, quando casavam, passavam a fazer parte da família do marido e esse é um dos motivos pelo qual os filhos homens eram valorizados, davam prosseguimento ao clã do pai. A fertilidade feminina era primordial, mas também esperava-se que os filhos tivessem descendência. O sexo não era visto como pecado, muito pelo contrário, ser rico era ter terras, um bom rebanho e muitos filhos, era ser abençoado por Deus.

Quando os homens casados morriam sem ter descendentes, a viúva era entregue ao irmão do falecido e os filhos desta união eram considerados descendência do primeiro marido, costume conhecido como levirato. Encontramos um exemplo interessante na história de Judá e Tamar.

Jacó, que foi casado com Lia e Raquel, teve doze filhos e uma filha. Depois de anos de esterilidade e rivalidade com sua irmã, Raquel morreu dando à luz Benjamin, o décimo segundo filho homem de Jacó. Por ter feito uma aliança com Iahweh, o nome de Jacó foi modificado para Israel. Seus doze filhos deram origem às doze tribos de Israel. A filha, Dina, não tinha direito à herança, não herdou tribo nenhuma e quase não é mencionada.

Um dos filhos de Jacó com Lia, chamado Judá, teve três filhos: Her, Onã e Sela. O primeiro casou-se com Tamar, mas morreu sem deixar descendentes. Onã ficou incumbido de gerar em Tamar filhos para seu irmão falecido. Eis o que aconteceu:

Entretanto Onã sabia que a posteridade não seria sua e, cada vez que se unia à mulher de seu irmão, derramava por terra para não dar uma posteridade a seu irmão. O que ele fazia desagradou a Iahweh, que o fez morrer também (Gn 38: 9 – 10).

Ao negar descendência ao irmão, desperdiçando o sêmem, Onã foi punido com a morte. Tamar então foi mandada de volta para a casa dos pais onde deveria aguardar Sela crescer até a idade suficiente para gerar descendentes. Mas passado muito tempo, Judá não cumpriu a promessa e Tamar permanecia viúva e sem filhos. Quando ela soube que seu sogro, agora viúvo, estava na região para tosquiar suas ovelhas, Tamar se disfarçou de prostituta, manteve relações sexuais com o sogro, sem que ele percebesse, (homens bíblicos serão todos míopes?) e pediu como pagamento objetos pessoais dele. Passados três meses, Judá recebeu a notícia que ela estava grávida.

"Tua nora Tamar prostituiu-se e está grávida por causa de sua má conduta." Então Judá ordenou: "Tirai-a fora e seja queimada viva!" Quando a agarraram, ela mandou dizer a seu sogro: "Estou grávida do homem a quem pertence isto. Reconhece a quem pertencem este selo, este cordão e este cajado." Judá os reconheceu e disse: "Ela é mais justa do que eu, porquanto não lhe dei meu filho Sela" (Gn 38: 24 – 26).

Tamar gerou descendentes a Her por intermédio do pai dele, Judá, e ainda escapou de ser queimada viva.

Um caso chocante de estupro é narrado no livro *Juízes* em um relato semelhante ao ocorrido com Ló em Sodoma. Um homem da tribo dos levitas, que havia sido abandonado pela concubina, foi buscá-la na casa do pai. Na viagem de volta, ao anoitecer, foi recebido como hóspede na casa de um senhor, mas aconteceu um tumulto.

Enquanto assim se reanimavam, eis que surgem alguns vagabundos da cidade, fazendo tumulto ao redor da casa e, batendo na porta com golpes seguidos, diziam ao velho, dono da casa: "Faze sair o homem que está contigo, para que o conheçamos." Então o dono da casa saiu e lhes disse: "Não, irmãos meus, rogo-vos, não pratiqueis um crime. Uma vez que este homem entrou em minha casa, não pratiqueis tal infâmia. Aqui está minha filha, que é virgem. Eu a entrego a vós. Abusai dela e fazei o que vos aprouver, mas não pratiqueis para com este homem uma tal infâmia." Não quiseram ouvi-lo. Então o homem tomou a sua concubina e a levou para fora. Eles a conheceram e abusaram dela toda a noite até de manhã, e, ao raiar a aurora, deixaram-na. Pela manhã, a mulher veio cair à porta da casa do homem com quem estava o seu marido, e ali ficou até vir o dia. De manhã, seu marido se levantou e, abrindo a porta da casa, saiu para continuar o seu caminho, quando viu que a mulher, sua concubina, jazia à entrada da casa, com as mãos na soleira da porta. "Levanta-te," disse-lhe, "e partamos!" Não houve resposta. Então ele a colocou sobre o seu jumento e se pôs a caminho de casa. Ao chegar, apanhou um cutelo e, pegando a concubina, a retalhou, membro por membro, em doze pedaços, e os remeteu a todo o território de Israel (Jz 19: 22 – 29).

A palavra conhecer na Bíblia muitas vezes é um eufemismo para manter relações sexuais. Neste relato observamos que mais uma vez a lei da hospitalidade foi mais importante do que a segurança das mulheres da família. A pobre concubina estuprada e abandonada para morrer teve seu corpo esquartejado para provar a iniquidade dos homens de Gabaá.

Conforme o relato do Gênesis (3: 16), no qual Eva é punida e obrigada a ser dominada pelo marido, a sina das mulheres hebreias foi de sofrimento e submissão. Sempre a culpa da Eva...

Entretanto, no período dos patriarcas, algumas mulheres destacaram-se por não serem submissas e demonstrarem liderança. Sara, a esposa de Abraão, pediu que o marido expulsasse a concubina Agar e seu filho Ismael para que não tomasse o direito de progenitura de Isaac, filho dela com Abraão. Ao consultar Iahweh para saber se deveria obedecer à esposa, Abraão obteve a seguinte resposta: "Deus lhe disse: "Não te lastimes por causa da criança e de tua serva: tudo o que Sara te pedir, concede-o, porque é por Isaac que uma descendência perpetuará o teu nome" (Gn 21: 12). Iahweh mandou que Abraão se submetesse aos desejos de Sara porque ela era a responsável pela sua principal descendência. Agar, a concubina, foi abandonada no deserto para morrer, mas foi salva pela ação de um anjo. Ela era mãe de Ismael e Deus também faria dele o patriarca de um grande povo que hoje é conhecido como muçulmano.

A esperta esposa de Isaac, Rebeca, enganou o marido para que seu filho preferido, Jacó, conseguisse tomar o direito de progenitura de Esaú e recebesse a bênção antes do pai morrer. Como já estivesse velho e quase cego, Isaac pediu ao filho mais velho que fosse à caça e lhe fizesse uma boa refeição para que ele o abençoasse como seu herdeiro antes de morrer. Ouvindo isso, Rebeca arquitetou um astucioso plano:

Rebeca tomou as mais belas roupas de Esaú, seu filho mais velho, que tinha em casa, e com elas revestiu Jacó, seu filho mais novo. Com a pele dos cabritos ela lhe cobriu os braços e a parte lisa do pescoço. Depois colocou o prato e o pão que preparara nas mãos de seu filho Jacó. Jacó foi a seu pai e disse: "Meu pai!" Este respondeu: "Sim! Quem és tu, meu filho?" Jacó disse a seu pai: "Sou Esaú, teu primogênito; fiz o que me ordenaste. Levanta-te, por favor, assenta-te e come de minha caça, a fim de que tua alma me abençoe." Isaac disse a Jacó: "Como a encontraste depressa, meu filho!" E ele respondeu: "É que Iahweh teu Deus me foi propício." Isaac disse a Jacó: "Aproxima-te, pois, para que te apalpe, meu filho, para saber se és ou não o meu filho Esaú." Jacó aproximou-se de seu pai Isaac, que o apalpou e disse: "A voz é a de Jacó, mas os braços são os de Esaú!" Ele não o reconheceu porque seus braços estavam peludos como os de Esaú, seu irmão, e ele o abençoou (Gn 27: 15 – 23).

Esaú ficou furioso quando soube que havia sido preterido por Jacó e o jurou de morte. Mas sua mãe Rebeca disse para Jacó fugir, protegendo a vida de Jacó, patriarca das doze tribos de Israel.

Outra mulher importante salvou a vida de Moisés, sua irmã Miriam, que o colocou em um cesto para que ele escapasse do infanticídio decretado pelo Faraó. Ela acompanhou seu crescimento quando ele foi adotado e passou a viver na corte egípcia.

Mas de todas as mulheres hebreias, houve ao menos uma que representou importante função política: Débora. Ela era juíza e profetisa, mesmo sendo casada. Os israelitas a procuravam para obter justiça. Ela recebeu uma revelação divina pelo dom da profecia e mandou chamar Barac para que este reunisse um exército e atacasse Sísara, chefe do exército inimigo. Barac lhe respondeu:

Se tu vieres comigo, eu irei, mas se não vieres comigo, não irei, porque não sei em que dia o Anjo de Iahweh me fará bem sucedido." "Irei, pois, contigo," disse ela; "porém, no caminho que seguires, a honra da vitória não será tua, porque é nas mãos de uma mulher que Iahweh entregará Sísara (Jz 4: 8 – 9).

Débora participou da batalha e Sísara foi derrotado. A profecia de Débora se cumpriu quando Sísara buscou abrigo durante a fuga e foi morto, enquanto dormia, por uma mulher, Jael, com uma estaca martelada em sua cabeça, garantindo quarenta anos de paz. Barac e Débora cantaram juntos, após a vitória, exaltando, entre outros feitos, a participação das mulheres no episódio.

Apesar da importância de Débora, era uma vergonha tremenda ser morto por uma mulher, conforme o relato da morte de Abimeleque.

Havia no centro da cidade, uma torre fortificada, onde se refugiaram todos os homens e mulheres e todos os notáveis da cidade. Tendo fechado a porta atrás de si, subiram ao terraço da torre. Abimelec aproximou-se da torre e a atacou. Ao chegar perto da porta da torre para lhe atear fogo, uma mulher atirou-lhe uma mó de moinho sobre a cabeça e lhe quebrou o crânio. Então ele chamou logo o moço que lhe carregava as armas e lhe disse: "Toma a tua espada e mata-me, para que não se diga de mim: Foi uma mulher que o matou." O seu escudeiro traspassou-o, e ele morreu. Quando os homens de Israel viram que Abimelec estava morto, foram-se cada um para sua casa. Assim Deus fez recair sobre Abimelec o mal que ele tinha feito a seu pai massacrando os seus setenta irmãos (Jz 9: 51 – 56).

A mulher de Tebes foi instrumento da vingança de Iahweh.

Aos poucos, houve mudanças na sociedade israelita, que foi se tornando mais cosmopolita, abandonando a vida nômade para se fixar nas cidades. O sistema de governo organizado pelos juízes de cada localidade foi substituído pela monarquia. A liderança dos patriarcas passou a ser somente local e ficou subordinada ao rei. No período dos reinados de Davi e do seu filho Salomão, esposas estrangeiras trouxeram influências das suas culturas. As histórias das esposas e concubinas dos reis nos fornecem exemplos do tratamento que era dado às mulheres na época.

O segundo rei de Israel, Davi, teve pelo menos oito esposas e muitas concubinas. Sua primeira esposa foi a filha do rei Saul, Micol. A proposta de casamento era para ser uma cilada para prejudicar Davi, mas Micol acabou se apaixonando por ele. Uma das condições para merecer o casamento era Davi vencer uma batalha e trazer como troféu cem prepúcios dos inimigos mortos. Davi superou as expectativas e, além de sair vencedor, entregou duzentos prepúcios ao rei Saul. Enciumado com as conquistas militares de Davi, Saul mandou matá-lo, mas ele foi salvo por Micol que o ajudou a fugir (1 Sm 18 e 19). Mesmo após salvar a vida do marido mentindo para o rei, seu próprio pai, Micol foi amaldiçoada. Depois da fuga, Davi tomou outras esposas enquanto estava fugindo. Micol, sem escolha, foi entregue como esposa pelo pai a outro homem. Quando Davi negociava para assumir como rei de Israel, exigiu que Micol fosse feita sua esposa novamente, provavelmente para se legitimar no trono, já que ela era filha do antigo rei Saul. Conta-se que o ex-marido chorou a perda da amada esposa. Quando Davi, vestido com uma simples túnica de sacerdote, entrou dançando em Jerusalém por ter recuperado a Arca da Aliança, Micol o repreendeu: "Como o rei de Israel se fez louvar hoje, descobrindo-se na presença das servas dos seus servos como se descobriria um homem de nada" (2 Sm 6: 20). Mas Davi não gostou de ser admoestado e respondeu:

"É diante de Iahweh que eu danço! Pela vida de Iahweh, que me preferiu a teu pai e a toda a sua casa para me instituir chefe de Israel, o povo de Iahweh, eu dançarei diante de Iahweh e ainda mais me humilharei. Aos teus olhos serei desprezível, mas aos olhos das servas de quem tu falas, perante elas serei honrado." E Micol, filha de Saul, não teve filhos até o dia da sua morte (2 Sm 6: 21 – 23).

Depois de Davi ter desprezado a família dela, Micol foi amaldiçoada com a esterilidade permanente porque não gostou da postura de Davi rodopiando e dançando em frente ao povo com vestes inadequadas a um rei.

A esposa mais famosa de Davi foi Betsabá que, surpreendida por Davi enquanto tomava banho, foi seduzida e engravidou. Ela era casada com Urias, um de seus soldados. Para tentar encobrir a gravidez, Davi tentou que Urias se deitasse com sua esposa. Como não obteve êxito, enviou Urias à frente de batalha para que morresse e então casou-se com a viúva. O profeta Natã repreendeu Davi por ter tomado a única esposa de Urias e ainda tê-lo enviado à morte. Como punição pela atitude de Davi, Iahweh condenou à morte a criança, que morreu ainda bebê. Betsabá e Davi tiveram outro filho, Salomão, que foi seu sucessor no trono de Israel (2 Sm 11 e 12).

Salomão ficou conhecido como um rei sábio, construiu o *Templo de Jerusalém* e também teve muitas esposas e concubinas. De acordo com o *Primeiro Livro de Reis*, foram setecentas mulheres princesas e trezentas concubinas. Apesar de ser um homem tão sábio, conta-se que ele teria sido induzido pelas suas mulheres estrangeiras a adorar seus deuses. A quebra da promessa de adorar apenas Iahweh despertou a ira divina e Salomão teve sua descendência condenada à divisão, o que se cumpriu no cisma que aconteceu no reino após a sua morte.

Os filhos de Salomão desentenderam-se e acabaram dividindo as tribos em dois reinos: Israel ao norte e Judá ao sul. A época áurea dos reis havia terminado. Iniciou-se um período de decadência. O reino de Israel foi invadido e dizimado pelos assírios em 722 a.C. e o reino de Judá se tornou vassalo do Egito.

No ano 622 a.C. o rei de Judá, Josias, começou a realizar uma grande reforma no *Templo de Salomão*. Durante os trabalhos, o sumo sacerdote Helcias alegou ter encontrado um pergaminho que continha a *Sefer Tora,* o livro da lei, que seria a verdadeira lei que Moisés teria recebido no Monte Sinai.

Grande parte dos estudiosos concorda que o pergaminho continha a primeira versão do livro *Deuteronômio,* porém, não era um documento antigo. Antes do século VIII a.C. não havia o costume de escrever os ensinamentos porque a tradição era que fossem repassados oralmente. O livro "encontrado" teria sido uma criação nova dos deuteronomistas que adaptaram documentos antigos para adequar as prescrições de Moisés à situação atual. A mudança da tradição oral para a escrita foi um choque porque a lei, que foi apresentada como antiga, na realidade, continha muitas inovações.

Ao ouvir o conteúdo do livro, o rei Josias ficou muito preocupado porque nem ele, nem seus antepassados obedeciam às leis contidas no livro e isso poderia atrair a ira divina, fato que demonstra que realmente havia muitas leis novas no texto. Josias consultou a profetisa Hulda que era considerada, assim como os demais profetas, alguém que ouvia Iahweh e transmitia seus ensinos e vontades. Hulda transmitiu uma mensagem de ameaças de Iahweh ao povo que não vinha cumprindo as leis que estavam escritas no livro que eles haviam encontrado, e além disso continuavam adorando outros deuses.

Temendo a ira divina, Josias iniciou grandes mudanças para adequação às leis. Tirou do templo todos os ídolos, inclusive do culto a Aserá, que era comum na época, aboliu a prostituição sagrada no templo e centralizou e unificou o culto.

Os deuteronomistas reformaram fontes e documentos antigos para criar uma nova tradição mais adequada à situação atual. Editaram as narrativas javistas e eloístas criando novas histórias sobre Moisés, Josué e os reis de Israel, além de acrescentar o novo livro do *Deuteronômio*. Os deuteronomistas fizeram do judaísmo uma religião do livro.[55]

Para as mulheres, algumas mudanças foram boas como: doação de parte da produção agrícola para órfãos e viúvas, proteção da herança das mulheres abandonadas pelos maridos e a proibição do estupro das prisioneiras de guerra. Mas a teologia dos deuteronomistas muitas vezes era cruel e agressiva, como foi no caso da prescrição de morte para filhos e filhas desobedientes. A virgindade tornou-se fundamental. Se uma moça fosse acusada pelo marido de não ser virgem, seguia-se a seguinte prescrição:

Contudo, se a denúncia for verdadeira, se não acharem as provas da virgindade da jovem, levarão a jovem até a porta da casa do seu pai e os homens da cidade a apedrejarão até que morra, pois ela cometeu uma infâmia em Israel, desonrando a casa do seu pai. Deste modo extirparás o mal do teu meio (Dn 22: 20 – 21).

Uma virgem que fosse estuprada na cidade deveria ser morta por não ter gritado suficientemente alto para se proteger. Se a jovem fosse violentada no campo, onde não poderia pedir socorro, então não seria punida, mas, de qualquer forma, teria perdido a sua virtude.

Em relação ao adultério, a pena era igualitária, homem e mulher adúlteros deveriam ser apedrejados até a morte. Ao homem era permitido divorciar-se da esposa, mas se a divorciada casasse com outro homem, o antigo marido não poderia reatar com ela, se enviuvasse, porque seria considerada impura.

As reformas de Josias não foram totalmente implementadas, pois foram interrompidas pela sua morte em batalha contra o Egito.

O reino de Judá foi invadido em 597 a.C. por Nabucodonosor, rei da Babilônia. O rei de Judá, Joaquim, sua corte, seus exércitos e grande parte da população foram exilados. Sedecias, que o sucedeu, rebelou-se, Jerusalém foi invadida e o *Templo de Salomão* foi destruído. A maior parte do restante da população foi exilada, permanecendo em Jerusalém apenas os mais pobres e alguns que se aliaram aos babilônios.

O período do exílio foi de muito sofrimento e dificuldade. O livro das lamentações relata mulheres cozinhando os próprios filhos para comer (Lm 4: 10 – 11).

A destruição do templo e o exílio foram considerados castigos divinos por não terem os judeus cumprido rigorosamente as leis. Fruto deste pensamento, começou a surgir um movimento voltado à busca da pureza e da santidade do povo que passaria a adotar um monoteísmo estrito.

Depois do fim do exílio e do retorno à Jerusalém, após a libertação dos judeus pelo rei persa Ciro em 538 a.C., o templo foi aos poucos reconstruído e uma nova classe começou a se destacar, a sacerdotal. Os sacerdotes fizeram muitas modificações nas escrituras e incluíram dois novos livros: Levítico e Números, baseados em documentos anteriores. Um deles era o *Código da Santidade* que prescrevia que o povo deveria ser santo porque Iahweh era o Santo de Israel.

O *Levítico* prescreveu normas detalhadas sobre sacrifício, alimentação, vida sexual, cultural e cultual. Para a nova classe sacerdotal a morte era considerada impura e o sangue foi relacionado à impureza. Como as mulheres menstruavam, foram consideradas impuras por natureza e afastadas dos cultos e práticas do templo. Nas prescrições do *Levítico* a mulher que dava à luz deveria se purificar por quarenta dias, se o filho fosse menino, ou setenta dias se fosse uma menina. Após o período, ela deveria fazer um ritual de purificação entregando ao sacerdote, que estaria na entrada da tenda para impedir que ela entrasse, um animal para que ele fizesse por ela um sacrifício de purificação. A mulher menstruada não podia tocar em nada, pois tudo o que ela tocava ficava impuro, fossem pessoas ou objetos.

As regras sexuais também se tornaram rígidas e detalhadas com proibição de incesto, homossexualismo, fazer sexo com animais etc. Em vários casos era prescrita a pena de morte para o descumprimento das normas. Os sacerdotes foram proibidos de casar com prostitutas e, caso a filha de um sacerdote se prostituísse, seria queimada viva.

Ao menos o livro *Números* prescrevia que, se um homem morresse sem deixar filhos homens, sua filha ficaria com a herança paterna.

Nos livros dos profetas, que eram considerados os reveladores da vontade de Deus e guardiões da pureza monoteísta, encontramos textos misóginos que consideram as mulheres culpadas pelas mazelas do povo. Alguns dos muitos exemplos encontram-se no *Livro de Esdras* que culpou as mulheres estrangeiras pelo fato do povo ter sido infiel a Deus. Para se retratarem da ofensa, os homens resolveram expulsá-las todas, junto com seus filhos. (Esd 10: 2 – 3). Neemias bateu, amaldiçoou e arrancou os cabelos de judeus que tinham casado com estrangeiras (Ne 13: 25 – 27). Deus mandou o profeta Oséias casar com uma prostituta sagrada para que ele sentisse como era ser traído e humilhado, do mesmo modo que seu povo escolhido o traía, adorando outros deuses por influência de suas mulheres. (Os 1: 2).

A história dos profetas que mais nos interessa, no entanto, é a do profeta Elias, que combateu o culto de Baal, defendido pela esposa do rei Acab, Jezabel. Para compreender o contexto é importante, primeiro, esclarecermos quem eram e o que representavam os deuses Baal e Iahweh.

A história do povo de Israel é repleta de guerras, conquistas e invasões que provocaram um intenso intercâmbio cultural e religioso entre hebreus, egípcios, cananeus, assírios, babilônios e outros povos da região. Em geral, os politeístas assimilavam bem novos deuses em seu panteão, sempre que conquistavam um novo território. Cada povo tinha seu deus particular e os cultos mesclavam-se com influências recíprocas, atualizações e adaptações de mitos realizando um sincretismo de crenças. O culto exclusivo de Iahweh era uma exceção na religiosidade dos povos antigos. No caso dos hebreus, a monolatria, ou seja, o culto de um único deus, sem negar a existência de outros, foi pregada pelos primeiros profetas, que exigiam a exclusão e o expurgo de qualquer outro culto. A luta entre os devotos pela supremacia do seu deus venerado é representada na história de Elias e Jezabel, que apoiavam Iahweh e Baal respectivamente.

É muito provável que o deus que Abraão, Isaac e Jacó cultuavam fosse *El*, o deus alto dos cananeus, o deus supremo, que foi substituído posteriormente por deuses e deusas menores mais semelhantes aos humanos, entre eles Baal. Algumas evidências encontram-se na própria Bíblia. Para Abrão, ele era conhecido como *El Shaddai*, o deus da montanha, era também chamado de *El Elyon*, deus altíssimo.[56] Quando o patriarca Jacó, neto de Abraão, sonhou com uma escada que ia até o céu, ele viu Iahweh no alto da escada (Gn 28: 10 – 22). Quando acordou do sonho, no local da epifania, ele colocou em pé a pedra que havia apoiado a sua cabeça, santificou com óleo e deu ao lugar o nome de Betel, casa de *El*. Pedras eretas, conhecidas como estelas, eram comuns nos cultos de fertilidade de Canaã. A escada que sobe ao céu pode ter tido influência do zigurate do deus babilônio Marduk, um templo alto com camadas superpostas como degraus onde, no topo, podia-se encontrar com deus. Antes de deixar Betel, Jacó prometeu que, se *El* o protegesse, ele o tornaria seu *Elohim*, o único deus a ser cultuado.

Na época de Moisés, os hebreus chamavam seu deus de *Iahweh Sabaot*, o deus dos exércitos. Assim que Iahweh apareceu para Moisés na sarça ardente ele se identificou como o deus de Abraão, Isaac e Jacó. Quando Moisés perguntou o seu nome ele disse: "Eu sou aquele que é" e logo em seguida mandou que Moisés dissesse aos israelitas que Iahweh, deus de Abraão, Isaac e Jacó o havia enviado e que Iahweh seria seu nome para sempre (Ex 3: 1 – -15), dando a entender que antes ele não era chamado assim, ao menos pelos eloístas, a cuja tradição este trecho parece pertencer. A tradição sacerdotal também atribui a revelação do nome de Iahweh apenas a Moisés, antes seria *El Shaddai*, o deus da montanha.[57] Há outra narrativa da missão de libertador de Moisés, que corresponde à tradição sacerdotal, e é mais explícita em relação à mudança do nome:

Deus falou a Moisés e lhe disse: "Eu sou Iahweh. Apareci a Abraão, a Isaac e a Jacó como El Shaddai; mas pelo meu nome, Iahweh, não lhes fui conhecido. Também estabeleci a minha aliança com eles, para dar-lhes a terra de Canaã, a terra em que residiam como estrangeiros. E ouvi o gemido dos filhos de Israel, aos quais os egípcios escravizavam, e me lembrei da minha aliança" (Gn 6: 2 – 5).

Durante muito tempo, o santuário de Iahweh era uma tenda, semelhante ao tabernáculo em que o cananeu *El* presidia sua assembleia divina, sendo que, na antiguidade, era comum misturar vários deuses. Ainda que não se saiba, com absoluta certeza, se Iahweh seria outro deus diferente de *El*, o fato é que Moisés convenceu os hebreus de que era o mesmo deus dos antepassados.[58] O nome do deus alto dos cananeus foi preservado no próprio nome dado a Jacó e ao Reino do Norte, Isra-El.

Iahweh era um deus valente, guerreiro e lutador, fundamental em época de guerra porque garantia a vitória. No entanto, durante séculos, o povo hebreu continuou a adorar o casal divino cananeu Baal e Anat, sua esposa e irmã, por serem deuses que traziam fertilidade ao solo e prosperidade ao povo. Aserá, a esposa de *El* e rainha do céu, também tinha seu culto entre os hebreus. Havia, inclusive, no *Templo de Salomão*, em Jerusalém, ícones e representações de Aserá e Baal.

Por volta do século XIV a.C., o culto de *El* caiu em decadência e foi substituído pelo culto a Baal, o deus da tempestade, guerreiro divino que batalhava com outras divindades, vencia monstros e enviava chuvas. Baal combateu Lotan, o dragão marinho, que na Bíblia é chamado de Leviatã, lutou contra Yam, o mar primordial, e lutou contra Mot, o deus da seca e da morte, retornando para Anat, sua irmã e esposa. O sexo ritualizado relembrava a união de Anat e Baal e garantia a fertilidade do solo e a boa colheita. Os israelitas que cultuavam Baal e Anat participavam de seus cultos sexuais, que contavam com a presença de prostitutas e prostitutos sagrados no templo, para infelicidade dos profetas de Iahweh.

Os textos mais antigos da Bíblia mostram Iahweh como um guerreiro feroz, bem parecido com Baal. Encontramos, nos salmos, peripécias semelhantes às de Baal, porém, atribuídas a Iahweh.

Tu, porém, ó Deus, és meu rei desde a origem, quem opera libertações pela terra; tu dividiste o mar com o teu poder, quebraste as cabeças dos monstros das águas; tu esmagaste as cabeças do Leviatã dando-o como alimento às feras selvagens; Tu abriste fontes e torrentes, tu fizeste secar rios inesgotáveis (Sl 74 (73): 12 – 15).

O perigo do culto de Iahweh acabar absorvido pelo paganismo popular era constante e agravou-se na segunda metade do século IX a.C. Em 869 a.C., o rei Acab (874 - 74) ascendeu ao trono de Israel casando-se com Jezabel, uma princesa fenícia, pagã fervorosa que fomentou o culto a Baal e Aserá. Na época, o casamento foi visto como uma aliança política e o culto foi tolerado. Salomão também tinha casado com esposas estrangeiras e elas também cultuavam seus deuses. Acab não era um apóstata, ele continuou cultuando Iahweh, porém, sem conter o proselitismo de Jezabel que conquistou muitos adeptos ao culto pagão. No entanto, quando o *Livro de Reis* foi escrito, no século VII a.C., o cenário era diferente, o culto a Iahweh estava mais fortalecido. O autor ficou horrorizado com as atitudes de Jezabel, que foi hostilizada e culpada pela quebra do voto de cultuar somente um deus, seu nome virou sinônimo de traição e maldade, ela foi lembrada como a mulher que apoiava os sacerdotes do deus Baal e perseguia os profetas de Iahweh.

O conflito entre o profeta Elias, cujo nome significa Iahweh é meu Deus e que era o defensor de Iahweh, o deus de Israel, e Jezabel, protetora dos profetas de Baal, simboliza a tentativa dos hebreus de exterminar os cultos estrangeiros e instituir o monoteísmo que, como já vimos, ainda não estava implementado na época em que o relato foi escrito.

A história começa quando uma grande seca castigou Israel. Elias desafiou os sacerdotes de Baal a comparecer ao monte Carmelo e realizar a queima de oferendas utilizando somente o poder divino. Elias venceu a disputa realizando um grande milagre e provando que Iahweh era o deus verdadeiro de Israel. Logo após a contenda, caiu uma chuva torrencial, provando que Iahweh também podia trazer a fertilidade do solo e que Baal não era mais necessário para garantir a fecundidade da terra. Elias mandou assassinar todos os quatrocentos e cinquenta sacerdotes de Baal (1Rs 18: 16 – 46). Quando soube do ocorrido, Jezabel ameaçou Elias de morte, que fugiu em pânico para a montanha de Iahweh, o monte Horeb.

Um tempo depois, o rei Acab queria uma propriedade vizinha ao seu palácio, mas ela pertencia a Nabaot e era herança de família. O rei ficou deprimido por não conseguir. Jezabel, inconformada, armou um plano para que Nabaot fosse condenado e morto e desta forma Acab pôde ficar com a propriedade que tanto desejava. Por causa da morte do inocente, Elias informou a Acab que ele havia sido amaldiçoado por Iahweh e condenado a morrer e ter seu sangue lambido pelos cães, no mesmo lugar que morrera Nabaot. Iahweh também amaldiçoou a descendência de Acab, inclusive Jezabel. (1 Reis 21: 17 – 25).

Passado um tempo, Elias foi arrebatado aos céus e seu discípulo Eliseu o substituiu. Após a morte de Acab, conforme profetizado, vários reis o sucederam até que Jeú fosse ungido rei de Israel e tomasse para si a missão de exterminar a descendência de Acab e matar Jezabel.

Jeú voltou para Jezrael. Sabendo disso, Jezabel pintou os olhos, adornou a cabeça e se pôs à janela. Quando Jeú atravessou a porta, ela perguntou: "Tudo vai bem, Zambri, assassino de seu senhor?" Jeú ergueu os olhos para a janela e disse: "Quem está comigo? Quem?" E dois ou três eunucos se inclinaram para ele. Ordenou ele: "Lançai-a abaixo." E eles a atiraram para baixo; seu sangue salpicou a parede e os cavalos, que a pisotearam. A seguir, entrou Jeú e, depois de ter comido e bebido, disse: "Ide ver aquela maldita e dai-lhe sepultura, pois é filha de rei." Quando chegaram para sepultá-la, só encontraram o crânio, os pés e as mãos. Voltaram para contar isso a Jeú, que disse: "Esta foi a palavra de Iahweh, que pronunciou por intermédio de seu servo, Elias, o tesbita: 'No campo de Jezrael, os cães devorarão a carne de Jezabel; e o cadáver de Jezabel será como esterco espalhado no campo, de modo que não se poderá dizer: Esta é Jezabel!' (2 Reis 9: 30 – - 37.)

Além de mandar matar Jezabel e deixar que seu cadáver fosse comido por cães, Jeú ordenou a morte dos setenta filhos de Acab. Não satisfeito, Jeú reuniu todos os profetas de Baal e seus seguidores no templo como se fosse realizar uma oferenda e, traiçoeiramente, prendeu todos e os matou, destruindo completamente o templo de Baal, construindo latrinas no local.

Tanto Jezabel quanto Elias foram culpados de assassinato. Elias ascendeu ao céu e Jezabel foi defenestrada. Ambos defendiam o deus em quem acreditavam. Quem venceu a disputa e contou a história foram os adoradores de Iahweh, se fossem os de Baal, a figura de Jezabel seria a da heroína protetora da fé e não da vilã adoradora de deuses estrangeiros. Quem conta a história impõe seu ponto de vista.

Além dos profetas, encontramos no livro dos *Provérbios*, típico da literatura sapiencial de Israel, alguns tópicos interessantes sobre as mulheres.

No prólogo intitulado *Recomendações da Sabedoria* encontramos uma série de conselhos úteis de um pai ao seu filho. Ele pede que escute a disciplina do pai e não despreze a instrução da mãe. O rapaz é aconselhado a manter distância das mulheres estrangeiras.

Meu filho, presta atenção à minha sabedoria, dá ouvidos ao meu entendimento: assim conservarás a reflexão e os teus lábios guardarão o conhecimento. Não dês atenção à mulher perversa. Os lábios da estrangeira destilam mel, e o seu paladar é mais suave do que o azeite. No final, porém, é amarga como o absinto, e afiada como uma espada de dois gumes. Os seus pés levam para a Morte, e os seus passos descem para o Xeol (Pv 5 1 – 5).

As estrangeiras, apesar de sedutoras, trazem hábitos diferentes e cultuam outros deuses, por isso são perigosas e representam o caminho para o Xeol, que é o destino dos mortos.

O pai continua seus conselhos, agora prevenindo o filho do perigo de se envolver com uma mulher adúltera. O pai a relaciona à estrangeira que se veste como uma prostituta e não para em casa. O homem sábio e inteligente não deve se deixar enganar por esse tipo de mulher.

Dize à sabedoria: "Tu és minha irmã." Chama a inteligência de tua parenta, para que te guarde da mulher estrangeira, da estranha cuja palavra é sedutora: Estava na janela de minha casa, olhando pelas frestas, e vi os jovens ingênuos e percebi entre as crianças um rapaz sem juízo! Ele passa ao lado, perto da esquina onde ela está, e vai para a casa dela, na bruma, ao entardecer, no coração da noite e da sombra. Uma mulher lhe vem ao encontro, vestida como prostituta, com falsidade no coração. Ela é esperta e insolente, e os seus pés não param em casa: ora está na rua, ora está na praça, espreitando todas as esquinas. Ela o agarra e o beija, e depois diz de modo sério: "Ofereci um sacrifício de comunhão, porque hoje cumpro o meu voto, por isso saí ao teu encontro, ansiosa por ver-te, e te encontrei! Cobri a cama de colchas, de tecidos bordados, estendi lençóis do Egito. Perfumei o quarto com mirra, aloés e cinamomo. Vem, embriaguemo-nos com carícias até o romper do dia, saciemo-nos com amores. Pois o meu marido não está em casa, ele fez longa viagem, levou a bolsa com o dinheiro e não voltará até a lua cheia." Com tantos discursos o apanha, e o atrai com lábios lisonjeiros; o infeliz corre atrás dela, como o boi vai ao matadouro, como o estulto ao castigo do pelourinho, até que uma flecha lhe atinja o lado, como o pássaro que voa para a armadilha, sem saber que perderá a vida (Pv 7: 1 – 23).

Na parte dos *Provérbios* que é atribuída a Salomão, capítulo dez a vinte e dois, encontramos alguns poucos aforismos que falam das mulheres, como por exemplo: "Um anel de ouro no focinho de um porco é a mulher formosa sem bom senso". "Melhor é morar no canto de um teto do que morar junto com uma mulher briguenta". Para um homem que tinha centenas de mulheres, parece que ele tinha bem pouco a dizer sobre elas.

Na parte intitulada *Provérbios Numéricos* encontramos alguns comentários ácidos sobre as mulheres.

Há três coisas que me ultrapassam, e uma quarta que não compreendo: o caminho da águia no céu, o caminho da serpente na rocha, o caminho da nave no mar, o caminho do homem com a donzela. Assim procede a adúltera: come, limpa a boca e diz: "Eu não fiz nada de mal!" Por três coisas treme a terra, e a quarta não pode suportar: o servo que chega a ser rei, o louco farto de pão, a moça antipática que encontra marido, e a serva que herda da patroa (Pv 30: 18 – 23).

O livro dos Provérbios é encerrado com um poema alfabético que forma, na língua original, um acróstico com as letras do alfabeto hebraico. Ele é conhecido por demonstrar as características ideais da mulher virtuosa e valorizado como um padrão a ser seguido pelas mulheres até os dias atuais.

A perfeita dona de casa

Quem encontrará a mulher de valor?
Vale muito mais do que pérolas.
Nela confia o seu marido,
e a ele não faltam riquezas.
Traz-lhe a felicidade, não a desgraça,

todos os dias de sua vida.
Adquire a lã e o linho,
e trabalha com mãos hábeis.
É como a nave mercante,
que importa de longe o grão.
Noite ainda, se levanta,
para alimentar os criados. E dá ordens às criadas.
Examina um terreno e o compra,
com o que ganha com as mãos planta uma vinha.
Cinge a cintura com firmeza,
e emprega a força dos braços.
Sabe que os negócios vão bem,
e de noite sua lâmpada não se apaga.
Lança a mão ao fuso, e os dedos pegam a roca.
Estende a mão ao pobre,
e ajuda o indigente.
Se neva, não teme pela casa,
porque todos os criados vestem roupas forradas.
Tece roupas para o seu uso,
e veste-se de linho e púrpura.
Na praça o seu marido é respeitado,
quando está entre os anciãos da cidade.
Tece panos para vender,
e negocia cinturões.
Está vestida de força e dignidade,
e sorri diante do futuro.
Abre a boca com sabedoria,
e sua língua ensina com bondade.
Vigia o comportamento dos criados,
e não come pão no ócio.
Seus filhos levantam-se para saudá-la,
seu marido canta-lhe louvores:

"Muitas mulheres ajuntaram riquezas,
tu, porém, ultrapassas a todas".
Enganosa é a graça, fugaz a formosura!
A mulher que teme a Iahweh merece louvor!
Dai-lhe parte do fruto de suas mãos,
e nas portas louvem-na suas obras (Pv 31: 10 – 31).

Como a maneira que cada um compreende o que é ser uma mulher virtuosa varia, há concordâncias e discordâncias sobre o texto. Quem escreveu esse texto não foi uma mulher, se fosse, talvez a perspectiva fosse diferente. O mundo muda e com ele os costumes. Sem desmerecer as mulheres que trabalham nas suas casas, cuidando das suas famílias e que merecem todo respeito e admiração, penso se é justo pautarmos nossas condutas exclusivamente em um texto escrito a milênios em um contexto completamente diferente do nosso atual.

É provável que no início deste capítulo houvesse, por sua parte, alguma reserva em concordar que nem tudo na Bíblia pode ser considerado verdadeiro historicamente, nem tudo aconteceu exatamente como relatado. Após acompanhar uma série de relatos, algumas vezes brutais, relativos ao tratamento das mulheres nas escrituras, talvez você esteja mudando de ideia ou até torcendo para que aquele trecho em si seja falso ou mal interpretado. É difícil lidar com certas verdades inconvenientes.

Atualmente, muitos historiadores e, até mesmo, religiosos concordam que nem tudo o que está nos textos do *Antigo Testamento* é fato, mas houve um tempo em que estes relatos eram o motivo de orgulho para o povo hebreu, que contava sua história repleta de lutas e dificuldades e por isso essas narrativas fazem parte das *Escrituras Sagradas*. Não podemos transportar essas histórias para o nosso tempo sem entender o contexto em que aconteceram, assim como não podemos utilizá-las para os dias atuais sem os devidos filtros das mudanças que ocorreram desde aquela época até os dias de hoje.

O objetivo deste estudo não é causar revolta, mas levar à reflexão. Devemos evitar que exemplos de um passado remoto e relatos mitológicos sejam reproduzidos tornando-se verdades incontestáveis, que a religião seja fator de repressão feminina, de perda de direitos e punição por não concordar com ideias religiosas ou comportamentos oriundos delas. Devemos entender a Bíblia como fonte de entendimento da história, da cultura e da moral hebraica, judaica e cristã, mas não como guia infalível e última palavra nas nossas decisões. É preciso reconhecer os erros e valorizar os acertos e aplicá-los no mundo atual. Desmistificar a Bíblia é possibilitar o seu entendimento de forma a compreender que é um livro escrito por seres muito humanos, que não deve ser desprezado, por conter ensinamentos preciosos para a nossa reflexão, mas que não deve ter interpretação literal sem um acurado exame da adequação de seus exemplos na sociedade atual.

Capítulo 6: As mulheres no Novo Testamento.

A Bíblia é, sem dúvida, um *best seller* ocidental. Primeiro livro impresso na Europa, por Johannes Gutenberg, inicialmente sua leitura e interpretação era privilégio de um seleto grupo de clérigos, tornando-se popular após a reforma protestante no século XVI. Em muitos lares, durante muito tempo, foi o único livro lido, adquirindo relevante influência no pensamento ocidental. Formada por uma coleção de livros, a Bíblia é dividida em duas partes: antigo e novo testamento, que reúnem escritos da tradição hebraica, judaica e cristã, sendo esta última representada, principalmente, no que se convencionou chamar de *Novo Testamento* ou *Segunda Aliança*.

Para termos um retrato mais fiel da participação das mulheres no *Novo Testamento* precisamos, primeiro, fazer um breve estudo sobre a formação das escrituras cristãs, seu conteúdo, contexto e mensagem.

Gerd Theissen conceitua *Novo Testamento* como:

> Uma coleção de escritos de uma pequena subcultura do Império Romano, consistindo de uma reinterpretação da religião judaica. No ponto central do Novo Testamento encontra-se um carismático judeu executado pelos romanos por volta do ano 30 d.C. (...). A reinterpretação pretende levar a entender como no interior de uma religião monoteísta um homem pôde figurar ao lado de Deus, e como com isto ela se abriu para os não judeus, tornando-se para muitos judeus inaceitável.[59]

A partir deste conceito, é importante destacar que o *Novo Testamento* trata-se de uma coleção de livros, escritos por diferentes autores em um intervalo que vai de cerca do ano 50 d.C. a 120 d.C. Esses autores eram judeus ou gentios convertidos ao cristianismo. O objeto principal é Jesus, um profeta judeu que viveu no século I d.C. A forma literária é variável, sendo composto de: quatro evangelhos, que descrevem a vida e os ensinamentos de Jesus; vinte e uma epístolas, de autores diversos com temas variados; o *Atos dos Apóstolos*, que narra a missão dos apóstolos de Jesus imediatamente após a sua morte e o *Apocalipse de João*, um livro enigmático escatológico; totalizando vinte e sete livros.

O *Antigo Testamento* representa a primeira aliança que Deus fez com os homens por meio de Moisés e dos dez mandamentos. Para os primeiros cristãos, oriundos do judaísmo, a morte e ressurreição de Jesus passou a representar uma aliança nova que Deus teria feito com os homens, agora não mais pelas tábuas da lei, mas pela morte e ressurreição de Jesus Cristo. Para os judeus, ainda hoje, a primeira aliança é vigente e por isso o nome antigo e novo testamento não é utilizado e o *Novo Testamento* não faz parte das escrituras judaicas. Essa divisão em antigo e novo testamento é apenas cristã.

Na época de Jesus, já havia escrituras judaicas, mas o formato atual do cânone judeu ainda estava em formação. Inicialmente, os primeiros cristãos eram todos judeus e apoiavam-se nestas escrituras. Com o passar do tempo e por influência principalmente do apóstolo Paulo, que passou a converter gentios (não judeus do Império Romano), o cristianismo distanciou-se do judaísmo tornando-se uma religião independente no final do século I d.C. As escrituras judaicas foram reinterpretadas para demonstrar que continham profecias que anunciavam a vinda de Jesus como o Messias do povo judeu e que a morte e a ressurreição dele eram o sinal de um novo tempo de justiça que estava por vir.

Os primeiros seguidores de Jesus esperavam que, em pouco tempo, Jesus retornasse em glória para um grande julgamento cósmico que traria a vida eterna para os justos que acreditassem na redenção dos pecados pela morte de Jesus na cruz, e o sofrimento eterno para aqueles que viviam em pecado. Essa crença é denominada escatologia e pode ser exemplificada por um trecho da *Primeira Epístola de Paulo aos Tessalonicensses*.

Se cremos que Jesus morreu e ressuscitou, assim também os que morreram em Jesus, Deus há de levá-los em sua companhia. Pois isto vos declaramos, segundo a palavra do Senhor: que os vivos, os que ainda estivermos aqui para a Vinda do Senhor, não passaremos à frente dos que morreram. Quando o Senhor, ao sinal dado, à voz do arcanjo e ao som da trombeta divina, descer do céu, então os mortos em Cristo ressuscitarão primeiro; em seguida nós, os vivos que estivermos lá, seremos arrebatados com eles nas nuvens para o encontro com o Senhor, nos ares. E assim, estaremos para sempre com o Senhor (1Ts 4: 14 – 17).

Os escatológicos não tinham tanta preocupação em escrever textos para preservar a vida e a mensagem de Jesus porque o mundo como conheciam terminaria em breve. Mais importante do que saber sobre a vida de Jesus era compreender que a sua morte e ressurreição livrou o mundo dos pecados e por esta crença a humanidade alcançaria a redenção, desde que, estivesse preparada para o fim dos tempos que era iminente. No trecho acima citado, Paulo se inclui naqueles que estariam vivos quando o julgamento começasse dizendo: "os vivos, os que ainda estivermos aqui" e "em seguida nós, os vivos". A crença de que estaria vivo durante a segunda vinda de Cristo demonstra que a expectativa era que a parusia (retorno de Jesus) aconteceria em pouco tempo.

A mensagem de Jesus ressuscitado era espalhada oralmente para o maior número de pessoas e Paulo de Tarso foi o maior responsável pela propagação desta mensagem, fundando igrejas por vários locais do Império Romano. Os escritos mais antigos que compõem o *Novo Testamento* são as cartas que ele escrevia para igrejas com conselhos e exortações, a maioria para resolver dúvidas e problemas locais que surgiram durante a sua ausência.

Com o passar dos anos, os apóstolos foram morrendo, muitos deles martirizados nas perseguições aos primeiros cristãos. A expectativa escatológica não se cumpriu tão rápido quanto se esperava e as igrejas cristãs precisaram se organizar melhor e estabelecer uma crença em comum. Inspirados no judaísmo começaram, aos poucos, a escrever as histórias sobre Jesus e seus apóstolos, que circulavam oralmente a várias décadas, dando início ao processo de formação dos evangelhos e atos dos apóstolos.

Os textos mais antigos que compõem o *Novo Testamento* são as epístolas de Paulo, seguidos pelo *Evangelho de Marcos*, o mais antigo, Mateus, Lucas e João respectivamente, escritos entre 70 e 95 d.C. Os demais livros foram escritos nas décadas seguintes sendo o último, *II Pedro*, escrito por volta de 120 d.C.

As diversas comunidades cristãs espalhadas pelo Império Romano tinham também diferentes interpretações de Jesus e de seus ensinos. Alguns consideravam Jesus apenas um homem justo, outros, que ele era humano e divino ao mesmo tempo e ainda havia os que achavam que ele era completamente divino. Para alguns, era necessário permanecer cumprindo as práticas judaicas, para outros não. Essas diferentes comunidades começaram a escrever diferentes textos que demonstravam os entendimentos que tinham de Jesus e de sua mensagem e surgiram diversos evangelhos, atos e epístolas diferentes e divergentes. Para tentar unificar a crença cristã e torná-la ortodoxa, ou seja, a interpretação correta, surgiu a necessidade de criar um cânone, uma coleção de livros sagrados que expressasse a verdadeira crença dos cristãos.

A preocupação com a utilização de escrituras adequadas aparece na segunda metade do século II em uma carta de Serapião, líder das igrejas da Síria, que foi preservada na obra *História da Igreja*, livro escrito por Eusébio de Cesareia no século IV d.C. Serapião tomou conhecimento que os cristãos de Rossus estavam utilizando um evangelho atribuído a Pedro, mas que continha ensinamentos sobre Jesus que ele não achava adequados. Para resolver o problema, escreveu uma carta aos fiéis recomendando que eles deixassem de utilizar o livro em suas cerimônias. Nessa mesma época, Justino, que morreu martirizado por ser cristão, afirmava que os cristãos representavam a única e autêntica religião, do único e verdadeiro Deus, e referia-se aos escritos cristãos como "as memórias dos apóstolos" sem qualquer menção específica aos evangelhos como conhecemos hoje.

Nos anos que se seguiram, as diferentes interpretações cristãs, depois denominadas heresias, espalharam-se. Um desses chamados hereges, Marcião, teria sido o primeiro a criar um cânone próprio definitivo no final do século II d.C. As escrituras judaicas foram rejeitadas, porque, segundo sua crença, seriam criação de um deus mal. A sua coleção de textos incluía onze livros: dez cartas atribuídas a Paulo (todas entraram para o *Novo Testamento*) e um evangelho que era uma adaptação do atual *Evangelho segundo Lucas*. Em contrapartida, Ireneu, bispo de Lyon, ferrenho opositor de Marcião, defendeu que, como a Terra tem quatro cantos (na época não se sabia que o planeta é redondo) onde sopram os quatro ventos, a verdade cristã também deveria ser apoiada em quatro evangelhos, os de Mateus, Marcos, Lucas e João.

Entretanto, a lista definitiva do *Novo Testamento* ainda demoraria séculos para ser fixada. O *Cânone Muratoriano* contém uma lista que deve datar do fim do século II d.C. e apresenta os evangelhos, Atos dos Apóstolos e treze epístolas paulinas. Cita algumas falsificações inaceitáveis como a *Epístola aos Laodicences*, que teria sido forjada em nome de Paulo, e cita como aceitáveis outros escritos como: *Sabedoria de Salomão* e *Apocalipse de Pedro*, que não foram incluídos no cânone final das escrituras.

No final do século IV d.C., Eusébio de Cesareia discute a questão do cânone na sua obra *História da Igreja* e percebemos que ainda havia muita controvérsia quanto a aceitação de vários textos, como, por exemplo, em relação ao *Apocalipse de João*, que foi inserido com reservas na lista. Algumas cartas como: Tiago, Judas e II Pedro, foram consideradas objeto de disputa.

A primeira vez que se tem notícia de que alguém relacionou os exatos vinte e sete livros do atual *Novo Testamento* foi quando o bispo de Alexandria, Atanásio, escreveu a trigésima nona carta pastoral para as igrejas do Egito no ano 367 d.C. Ela continha uma relação dos vinte e sete livros que considerava escrituras canônicas de leitura apropriada para as igrejas. Os debates ainda permaneceram por um tempo, mas esta se tornaria a lista canônica definitiva, encerrada mais de três séculos após a morte de Jesus.[60]

Traduções dos textos sagrados passaram a ser feitas para as línguas vernaculares, como o siríaco e o copta no final do século II d.C. Como no Império Romano a língua predominante era o latim, principalmente na escrita, cópias traduzidas começaram a surgir e com ela diversas diferenças textuais. Para resolver o problema e padronizar as escrituras, o Papa Dâmaso I, bispo de Roma entre 366 a 384 d.C, encomendou a Jerônimo a produção de uma tradução oficial para o latim. Este selecionou manuscritos gregos e traduções latinas para criar uma nova edição da Bíblia que ficou conhecida como *Vulgata*. Esta versão da Bíblia foi o primeiro texto impresso por Gutemberg no século XV, sendo utilizada por cristãos durante muitos séculos até o período moderno, quando novas traduções foram sendo feitas, especialmente a partir do período da Reforma Protestante. Atualmente há várias versões e traduções da Bíblia em diversas línguas que atendem a diversas religiões cristãs.

Com o passar dos séculos, novas descobertas sobre o *Novo Testamento* foram sendo realizadas e novos estudos sérios foram conduzidos por especialistas na busca do que há de fato histórico e o que é acréscimo teológico nos textos da escritura cristã. Especialistas concluíram que os textos não são um registro histórico desinteressado. Cada autor organizou o material que tinha disponível, seja tradição oral ou escritos anteriores, de modo a contribuir com os pontos de vista das comunidades cristãs a que pertenciam.

Um exame mais acurado dos evangelhos, revela que há uma série de discrepâncias entre seus relatos, que seriam fatores de contestação de sua historicidade. Por exemplo, no *Evangelho de Marcos*, a crucificação de Jesus acontece um dia depois da ceia da Páscoa (Mc 14: 12 e 15: 25). No Evangelho de João, a crucificação ocorre no dia em que a ceia de Páscoa judaica estava sendo preparada. (Jo 19: 14)

Outras pesquisas descobriram que os evangelhos, inicialmente, eram anônimos e que a autoria foi atribuída no século II d.C., para garantir que tivessem origem apostólica. Não há um só relato nos evangelhos que tenha sido escrito na primeira pessoa, o que seria de se esperar, pelo menos nos escritos pelos apóstolos Mateus e João que conviveram com Jesus e seriam testemunhas oculares dos eventos. Outro fator que contribui para essa tese é que os evangelhos foram escritos, originalmente, em um grego rebuscado e os discípulos de Jesus falavam aramaico e eram homens simples, provavelmente analfabetos.

Houve um intercâmbio de ideias entre os evangelhos. O mais simples e o primeiro a ser escrito, entre os evangelhos canônicos, foi o atribuído a Marcos. Lucas e Mateus (continuarei utilizando os nomes de atribuição dos autores evangélicos para facilitar), utilizaram Marcos como fonte de consulta e também tiveram uma outra fonte comum que infelizmente não chegou aos nossos dias. Essa fonte hipotética, conhecida como Q, conteria alguns ditos e ensinamentos de Jesus, como a oração do Pai Nosso e as bem-aventuranças, que aparecem em Mateus e Lucas, mas não em Marcos e João, que não a utilizaram. Há também fontes independentes que só foram utilizadas por Mateus (fonte M) ou por Lucas (fonte L). Os textos de Marcos, Mateus e Lucas, por utilizarem fontes em comum e por serem bastante semelhantes, são chamados de sinóticos. O evangelho de João é bem diferente e acredita-se que o autor, que também não teria sido o discípulo João, tenha usado outras fontes desconhecidas atualmente.[61]

Ainda que tenham sido escritos posteriormente por autores que não foram testemunhas oculares dos fatos e que os relatos não sejam sempre historicamente precisos, os evangelhos são a fonte mais importante e mais fidedigna que temos para conhecer Jesus, seus discípulos e sua mensagem. Coube aos historiadores e filólogos extrair a realidade em meio às ideias teológicas e este livro é baseado nestes estudos.

Os evangelhos são coletâneas de histórias que tratam principalmente de homens: Jesus e seus doze discípulos mais próximos. No entanto, ocasionalmente, algumas mulheres aparecem nesses relatos e representam papéis, na sua maioria, secundários.

O papel maternal da mulher nos evangelhos é representado por Maria, a mãe de Jesus, e por Isabel, mãe de João Batista.

A história de Isabel é encontrada somente no evangelho de Lucas (Lc 1), sendo semelhante a muitas que já analisamos no capítulo anterior: mulher estéril, idosa, que, por interseção divina, fica grávida de um menino que faria grandes feitos para a fé no Deus único. Seu filho, João Batista, seria o preparador do povo para receber Jesus, o Messias divino redentor.

Isabel manteve a gravidez em segredo, mas Maria, avisada pelo anjo Gabriel, soube da gravidez miraculosa da sua parente e foi visitá-la. Quando Maria, estando grávida, encontrou Isabel, esta, inspirada pelo Espírito Santo, percebeu que Maria trazia no ventre Jesus, o seu Senhor.

Maria, a mãe de Jesus, é citada algumas vezes nos quatro evangelhos canônicos, durante várias fases da vida e da missão de Jesus.

O relato da gravidez miraculosa anunciada pelo anjo Gabriel só aparece nos evangelhos de Lucas e Mateus e, ainda assim, há divergência entre os relatos. Ambos informam que Maria era comprometida com José mas ainda era virgem quando concebeu do Espírito Santo. O *Evangelho de Mateus* (Mt 1: 18 – 25) informa que o anjo apareceu a José para explicar a concepção virginal, dizendo que seria o cumprimento da profecia de Isaías de que uma virgem conceberia o salvador do povo judeu (Is 7, 14). Já a narrativa de Lucas diz que, na realidade, o anjo apareceu a Maria primeiro anunciando que ela ficaria grávida de Jesus, que herdaria o trono de Davi e seu reino não teria fim (Lc 1: 26 – 38). O relato de Lucas reforça a ideia de que Maria era uma judia piedosa, casta e obediente a Deus.

Não é apenas a diferença entre as narrativas que é motivo de controvérsia entre estudiosos bíblicos. A ausência da anunciação e da menção a uma gravidez virginal em João e em Marcos, o evangelho mais antigo, e também nas cartas de Paulo, primeiros escritos do *Novo Testamento*, é de se estranhar porque um fato assim tão extraordinário e importante deveria ser de conhecimento de todos e não deixaria de ser citado desde os primeiros escritos.

O texto de Isaías, mencionado por Mateus, não trata da espera de um Messias e tampouco fala de uma virgem dando à luz. Nos manuscritos mais antigos e traduções mais fiéis, é uma mulher jovem e não uma virgem que daria à luz.[62] Mateus teria baseado o relato em uma tradução equivocada da escritura. Muitos estudiosos acreditam que a ideia de uma virgem concebendo um filho de Deus teria sido apropriada mais tarde por cristãos influenciados por pagãos. Nas religiões politeístas, chamadas pelos cristãos de paganismo, era comum mulheres, inclusive virgens, engravidarem de deuses, conforme já exemplifiquei em capítulo anterior.

Na tradição judaica era importante a mulher chegar virgem ao casamento, mas o desejável era que tivesse muitos filhos. Não há qualquer menção na Bíblia de que Maria teria permanecido virgem após o nascimento de Jesus. A crença de que a mãe de Jesus, Maria, era imaculada, ou seja, não teria pecado, culminou na ideia de que ela não nasceu com o pecado original, doutrina conhecida como imaculada conceição. Como o sexo foi associado ao pecado, era necessário que Maria tivesse sido sempre virgem, antes e depois do nascimento de Jesus. Como ela não tinha natureza pecadora, não merecia morrer, já que a morte foi a consequência do pecado original. É por esse motivo que chegou-se a conclusão de que ela foi alçada aos céus ainda em vida. Todos estes dogmas foram sendo desenvolvidos e discutidos com o tempo, ao longo de vários séculos, nos diversos concílios da Igreja Católica. Os protestantes, ao estudarem as escrituras, passaram a alegar que essas doutrinas sobre a virgindade perpétua e assunção de Maria não têm fundamento bíblico e grande parte dos historiadores concorda, principalmente pela menção a irmãos de Jesus nos evangelhos, atos dos apóstolos e epístolas paulinas. Apesar da ausência nas escrituras, a ideia de virgindade perpétua aparece nos escritos dos pais apostólicos e em escritos apócrifos posteriores, que não foram incluídos no cânone das escrituras, que serão analisados em capítulo posterior.

Em relação ao nascimento de Jesus, os evangelhos também divergem. Marcos e João sequer mencionam algo sobre o fato. Para Lucas e Mateus, Jesus nasceu em Belém, mas somente Lucas menciona um recenseamento que teria obrigado seus pais a irem para lá. Não há qualquer registro histórico que indique que houve um censo na época de nascimento de Jesus e muito menos que ele deveria ser feito no local de origem do pai e não no domicílio da família que, segundo o próprio Lucas, seria Nazaré. Houve um censo local, somente na Judeia, em data posterior que não corresponde ao citado por Lucas.

Para Mateus, Maria e José já moravam em Belém. Herodes o Grande teria ordenado a morte de bebês do sexo masculino, o que teria os obrigado a fugir para o Egito. A mortandade de meninos é relatada apenas por Mateus e não encontra comprovação histórica. Depois da morte de Herodes, eles teriam então saído do Egito indo viver em Nazaré.

O cenário do nascimento também varia. A cena retratada no presépio de Jesus bebê, na manjedoura, cercado de anjos e recebendo a visita de pastores só aparece em Lucas. Não há animais no local, nem reis magos ou Estrela de Belém. Mateus não descreve o nascimento, apenas a visita de magos do Oriente que foram à casa sinalizada pela Estrela de Belém, ver o futuro rei que havia nascido. (Mt 2: 1 – 12). Estamos tão acostumados com a cena do nascimento de Jesus representada no presépio que não percebemos que ela é uma composição de dois relatos completamente diferentes.

Após o nascimento, Maria é citada poucas vezes durante o ministério de Jesus. O *Evangelho de Marcos* faz uma citação a ela quando Maria e os irmãos e irmãs de Jesus mandaram chamá-lo enquanto estava pregando. Jesus então teria respondido: "Quem é minha mãe e meus irmãos? (...) Quem fizer a vontade de Deus, esse é meu irmão, irmã e mãe." (Mc 3: 31 – 35). Maria é citada uma última vez em um episódio em que Jesus está em Nazaré pregando e ouvintes o reconhecem como sendo "o filho de Maria, irmão de Tiago, José, Judas e Simão" (Mc 6: 3) e ainda mencionam as irmãs de Jesus que estariam no local. Não há nenhuma outra citação de Maria, mãe de Jesus, em Marcos.

Episódios em que a família de Jesus é citada informando que ele tinha irmãos e irmãs também aparecem, com sutis diferenças, em Mateus (13: 53 -58 e 12: 46 – 50) e Lucas (8: 19 – 21). Fator que leva muitos estudiosos a afirmarem que Jesus teve ao menos três irmãos e duas irmãs.

Apenas Lucas narra o episódio em que Maria foi se purificar no Templo de Jerusalém após o período do parto. Uma profetisa idosa, Ana, é citada anunciando que havia nascido um menino que seria o libertador de Jerusalém. Uma nova visita a Jerusalém é contada por Lucas, quando Jesus se perdeu dos pais por três dias e foi encontrado no templo por Maria, muito aflita e preocupada com o sumiço do filho. Jesus explicou que aquela era a casa de seu pai, mas Maria não compreendeu (Lc 2: 41 - 50). Se Maria soube pelo anjo que Jesus era filho de Deus, como ela não entendeu que Jesus estava na casa do pai se o templo era a morada de Deus?

No *Evangelho de João* encontramos duas menções a Maria e nenhuma delas aparece nos outros evangelhos sinóticos. A primeira é nas bodas de Caná quando Jesus transforma água em vinho atendendo a um pedido de sua mãe. A outra é na crucificação.

Perto da cruz de Jesus, permaneciam de pé sua mãe, a irmã de sua mãe, Maria, mulher de Clopas, e Maria Madalena. Jesus, então, vendo sua mãe e, perto dela, o discípulo a quem amava, disse a ela: "Mulher, eis o teu filho!" Depois disse ao discípulo: "Eis a tua mãe!" E a partir dessa hora, o discípulo a recebeu em sua casa" (Jo 19: 25 – 27).

Apenas João diz explicitamente que Maria estava presente à crucificação de seu filho.

Há apenas mais uma breve citação de Maria no livro *Atos dos Apóstolos*, logo após a ascensão de Jesus indicando que Maria se uniu aos discípulos.

Então, do monte chamado das Oliveiras, voltaram a Jerusalém. A distância é pequena: a de uma caminhada de sábado. Tendo entrado na cidade, subiram à sala superior, onde costumavam ficar. Eram Pedro e João, Tiago e André, Filipe e Tomé, Bartolomeu e Mateus; Tiago, filho de Alfeu, e Simão, o Zelota; e Judas, filho de Tiago. Todos estes, unânimes, perseveravam na oração com algumas mulheres, entre as quais Maria, a mãe de Jesus, e com os irmãos dele (At 1: 12 -14).

Devido à importância que Maria adquiriu com o passar dos anos no cristianismo, muitos outros textos foram escritos sobre ela, mas que não foram considerados adequados para fazer parte do cânone ou foram escritos depois que ele já estava fixado. Retomaremos essas narrativas no próximo capítulo.

Apesar das mulheres terem um papel secundário no *Novo Testamento*, há várias passagens em que Jesus aparece interagindo com elas. Citadas nos evangelhos como seguidoras de Jesus em seu ministério, ele é descrito conversando com elas, frequentando suas casas e curando-as.

Para entender quem eram essas mulheres e qual era a sua participação na vida de Jesus e de seus apóstolos, vamos fazer um breve resumo de como era a vida das mulheres judias no século I.

Jesus nasceu e foi criado em um ambiente predominantemente judaico, na região que hoje chamamos de Palestina e que na época pertencia ao Império Romano. Era uma região com grandes desigualdades sociais e alta incidência de pessoas em situação miserável.

As mulheres da época, judias ou não, estavam submetidas aos homens, fossem eles seus pais ou maridos. A maioria das mulheres passava seus dias com os afazeres domésticos e o cuidado com os filhos. Mulheres que exerciam atividades fora de casa eram em geral viúvas ou solteiras com mais idade ou então as de classe mais alta que, por possuírem escravos ou empregados, dispunham de algum tempo livre e uma liberdade em geral limitada e vigiada.

O historiador judeu do século I, Flávio Josefo, afirma que, de acordo com a Torá, a mulher é inferior ao homem em tudo.[63]

O rabino judeu Yose ben Yochanan, contemporâneo de Jesus, instruía os homens a não perderem tempo conversando com as mulheres, porque se um homem fala demais com uma mulher, além de arranjar problemas para ele, perderia tempo que seria melhor aproveitado estudando a Torá.[64]

Outros textos judaicos indicam que uma mulher não deveria sair em público desacompanhada, muito menos com os cabelos soltos e descobertos, e que não poderia conversar com estranhos na rua.

Há, porém, achados arqueológicos que demonstram que mulheres eram doadoras nas sinagogas. Ao menos as mais abastadas tinham alguma participação no culto judaico.

Entre as seguidoras de Jesus, sabemos que havia algumas que possuíam bens e que financiavam o seu ministério, como relatado no *Evangelho de Lucas*:

Depois disso, ele andava por cidades e povoados, pregando e anunciando a Boa Nova do Reino de Deus. Os Doze o acompanhavam, assim como algumas mulheres que haviam sido curadas de espíritos malignos e doenças: Maria, chamada Madalena, da qual haviam saído sete demônios, Joana, mulher de Cuza, o procurador de Herodes, Susana e várias outras, que o serviam com seus bens (Lc 8: 1 – 3).

No entanto, a maioria dos seguidores de Jesus era de camponeses e camponesas das regiões rurais da Galileia. Poucas camponesas teriam oportunidade de seguir Jesus devido a escassa liberdade que possuíam. Seguir Jesus significava acompanhar um pregador itinerante. Entre suas seguidoras encontramos mães de seus apóstolos, como é o caso de Salomé, mãe de Tiago e João, e Maria, esposa de Clopas, mãe de José e de Tiago o menor, que acompanharam Jesus e seus filhos desde a Galileia até Jerusalém, estando presentes à crucificação (Mc 15: 40 – 41).[65] Salomé teria pedido a Jesus que reservasse a seus filhos os lugares ao lado dele no Reino de Deus, pedido que foi recusado porque cabia a Deus escolher os merecedores (Mt 20: 20 – 23).

Embora saibamos que seus discípulos mais próximos fossem doze homens e que eles e Jesus eram os personagens de destaque dos evangelhos, as mulheres são citadas regularmente nos textos. Jesus é citado interagindo com mulheres em diversas situações.

A primeira cura física de Jesus, relatada em Marcos, foi a da sogra de Pedro, que estava de cama e com febre e que, logo após ser curada por Jesus, levantou e começou a servi-los como uma boa anfitriã e dona de casa. Jesus ressuscitou uma adolescente, filha de Jairo o chefe da sinagoga, curou uma mulher que era considerada impura por ter sangramentos há muitos anos. Mulheres impuras não podiam tocar em nenhum objeto ou pessoa, mas ela teve fé e, descumprindo o preceito judaico, tocou parte da túnica de Jesus que não a repreendeu pelo ato e ainda a curou, devolvendo sua dignidade. Jesus curou uma endemoninhada no sábado e foi repreendido por não cumprir as regras judaicas.

Pessoas doentes eram consideradas amaldiçoadas por Deus, sendo marginalizadas e não podendo sequer entrar no templo. Várias doenças de pele eram interpretadas como lepra e os doentes tinham que ficar isolados das cidades e dos familiares. Mulheres, já consideradas impuras pela menstruação, estando doentes ou possuídas por demônios ficariam abandonadas e excluídas. Jesus não se importava com a impureza, curando-as sem distinção. Muitas de suas seguidoras, agradecidas pela cura e distanciadas da vida social, passavam a acompanhá-lo. Jesus vivia cercado de pessoas da camada mais oprimida e desprezada da população, entre elas diversas mulheres como: viúvas desprotegidas, esposas repudiadas, mulheres sozinhas de fama duvidosa, incluindo prostitutas. Jesus teria, inclusive, afirmado que os odiados arrecadadores de impostos e as prostitutas entrariam primeiro no Reino de Deus porque eles creram (Mt 21: 31). O reino divino não excluía as pecadoras dispostas a crer na mensagem de Jesus.

Há um episódio em que Jesus curou uma mulher estrangeira, que não era judia, ainda que a princípio hesitasse em realizar a tarefa:

E eis que uma mulher cananeia, daquela região, veio gritando: "Senhor, filho de Davi, tem compaixão de mim: a minha filha está horrivelmente endemoninhada". Ele, porém, nada lhe respondeu. Então os seus discípulos se chegaram a ele e pediram-lhe: "Despede-a, porque vem gritando atrás de nós". Jesus respondeu: "Eu não fui enviado senão às ovelhas perdidas da casa de Israel". Mas ela, aproximando-se, prostrou-se diante dele e pôs-se a rogar: "Senhor, socorre-me!" Ele tornou a responder: "Não fica bem tirar o pão dos filhos e atirá-lo aos cachorrinhos". Ela insistiu: "Isso é verdade, Senhor, mas também os cachorrinhos comem das migalhas que caem da mesa dos seus donos!" Diante disso, Jesus lhe disse: "Mulher, grande é a tua fé! Seja feito como queres!" E a partir daquele momento sua filha ficou curada (Mt 15: 22 – 28).

Judeus costumavam chamar os pagãos de cachorros. Mas tão chocante quanto a fala de Jesus é o fato de que ele foi convencido a mudar de ideia por causa de uma mulher pagã. Ela fez Jesus ver que o sofrimento humano não conhece fronteiras, está presente em todos os povos e religiões. Segundo José Antonio Pagola, esta mulher pagã ajudou Jesus a compreender melhor sua missão.[66]

Em contraste com os evangelhos de Mateus e Marcos, em que Jesus, a princípio, recusa-se a curar uma estrangeira, no *Evangelho de João,* Jesus conversa com uma samaritana ao lado de um poço e sua atitude causa espanto, tanto na mulher, quanto nos discípulos, principalmente porque ele revela a ela sua identidade messiânica.

Chegou, então, a uma cidade da Samaria, chamada Sicar, perto da região que Jacó tinha dado a seu filho José. Ali se achava a fonte de Jacó. Fatigado da caminhada, Jesus sentou-se junto à fonte. Era por volta da hora sexta.

Uma mulher da Samaria chegou para tirar água. Jesus lhe disse: "Dá-me de beber!" Seus discípulos tinham ido à cidade comprar alimento. Diz-lhe, então, a samaritana: "Como, sendo judeu, tu me pedes de beber, a mim que sou samaritana?" (Os judeus, com efeito, não se dão com os samaritanos) Jesus lhe respondeu: "Se conhecesses o dom de Deus e quem é que te diz: 'Dá-me de beber', tu é que lhe pedirias e ele te daria água viva!" Ela lhe disse: "Senhor, nem sequer tens uma vasilha e o poço é profundo; de onde, pois, tiras essa água viva? És, porventura, maior que o nosso pai Jacó, que nos deu este poço, do qual ele mesmo bebeu, assim como seus filhos e seus animais?" Jesus lhe respondeu: "Aquele que bebe desta água terá sede novamente; mas quem beber da água que eu lhe darei, nunca mais terá sede. Pois a água que eu lhe der tornar-se-á nele uma fonte de água jorrando para a vida eterna". Disse-lhe a mulher: "Senhor, dá-me dessa água, para que eu não tenha mais sede, nem tenha de vir mais aqui para tirá-la!" Jesus disse: "Vai, chama teu marido e volta aqui". A mulher lhe respondeu: "Não tenho marido". Jesus lhe disse: "Falaste bem: 'não tenho marido', pois tiveste cinco maridos e o que agora tens não é teu marido; nisso falaste a verdade". Disse-lhe a mulher: "Senhor, vejo que és um profeta. Nossos pais adoraram sobre esta montanha, mas vós dizeis: é em Jerusalém que está o lugar onde é preciso adorar". Jesus lhe disse: "Crê, mulher, vem a hora em que nem sobre esta montanha nem em Jerusalém adorareis o Pai. Vós adorais o que não conheceis; nós adoramos o que conhecemos, porque a salvação vem dos judeus. Mas vem a hora — e é agora — em que os verdadeiros adoradores adorarão o Pai em espírito e verdade, pois tais são os adoradores que o Pai procura. Deus é espírito e aqueles que o adoram devem adorá-lo em espírito e verdade". A mulher lhe disse: "Sei que vem um Messias (que se chama Cristo). Quando ele vier, nos anunciará tudo". Disse-lhe Jesus: "Sou eu, que falo contigo". Naquele instante, chegaram os seus discípulos e admiravam-se de que falasse com uma mulher; nenhum deles, porém, lhe perguntou: "Que procuras?" ou: "O que falas com ela?" (Jo 4: 5 -27).

Por causa do trecho em que a mulher disse não ter marido, mas ainda assim viver com um homem, a samaritana foi muitas vezes considerada uma prostituta pelas tradições posteriores da Igreja.

Apenas em João encontramos o episódio em que Jesus salva uma mulher do apedrejamento por adultério. É uma das cenas mais conhecidas da Bíblia, quando Jesus é confrontado por opositores judeus que perguntam se deveriam seguir a lei judaica e apedrejá-la. Jesus responde: "Quem dentre vós tiver sem pecado, seja o primeiro a atirar-lhe a pedra!" (Jo 8: 7). Como ninguém se atreveu a iniciar a lapidação, Jesus não a condenou e a aconselhou a não mais pecar. Jesus demonstrou que a misericórdia é mais importante que o estrito cumprimento da lei, mas acompanhando a história daqueles que se proclamaram seus sucessores e seguidores de seus ensinamentos, muitas vezes presenciamos o esquecimento desse exemplo misericordioso de Jesus, em nome da aplicação da justiça divina.

Outro episódio que envolve uma situação polêmica entre Jesus e uma mulher é a unção de Jesus com óleo perfumado por uma mulher durante um jantar. Os quatro evangelhos falam de uma cena semelhante mas há várias divergências entre elas, inclusive quanto à identidade dessa mulher.

Marcos e Mateus têm o relato bem parecido. A cena acontece dois dias antes da Páscoa e a mulher é anônima.

Em Betânia, quando Jesus estava à mesa em casa de Simão, o leproso, aproximou-se dEle uma mulher, trazendo um frasco de alabastro cheio de perfume de nardo puro, caríssimo, e quebrou o frasco, derramou-o sobre a cabeça dEle. Alguns dentre os presentes indignavam-se entre si: "Para que esse desperdício de perfume? Pois poderia ser vendido esse perfume por mais de trezentos denários e distribuído aos pobres". E a repreendiam. Mas Jesus disse: "Deixai-a. Por que a aborreceis? Ela praticou uma boa ação para comigo. Na verdade, sempre tereis os pobres convosco e, quando quiserdes, podeis fazer-lhes o bem, mas a mim nem sempre tereis. Ela fez o que podia: antecipou-se a ungir o meu corpo para a sepultura. Em verdade vos digo que, onde quer que venha a ser proclamado o Evangelho, em todo o mundo, também o que ela fez será contado em sua memória" (Mc 14: 3 – 9).

O teólogo John Dominic Crossan, em sua obra *A última semana*, explica que o reconhecimento que Jesus dá ao ato de unção que a mulher praticou seria lembrado porque, dentre todos os que tinham ouvido as três profecias da morte e ressurreição de Jesus, incluindo seus doze apóstolos, ela foi a única que acreditou e concluiu que precisava ungi-lo antes da morte, porque como ele ressuscitaria, ela não teria a oportunidade de realizar a unção depois. Ela teria sido pois a primeira crente na ressurreição, antes mesmo da descoberta do túmulo vazio. Além disso, ao se humilhar, ela teria sido exemplo de liderança servidora em conformidade com os ensinos de Jesus: "quem quiser ser o primeiro deve ser o último, o servo de todos" (Mc 9: 33 – 35).[67]

Apenas em Lucas, a mulher é identificada como pecadora da cidade e o cenário é diferente, a cena acontece no início da missão de Jesus e na casa de um fariseu. A unção não é mais na cabeça, mas nos pés. A mulher chorava e lavava os pés de Jesus com suas lágrimas, enxugando com seus cabelos e beijando seus pés. O anfitrião espanta-se pelo fato de Jesus, sendo um profeta, não ter percebido que ela era uma pecadora. Jesus então elogia a atitude da mulher que o tratou com deferência conforme as leis do bom anfitrião, diferente do fariseu que nem lhe ofereceu água para lavar os pés. Porque ela demonstrou muito amor, Jesus perdoou seus pecados (Lc 7: 36 – 50).

Em João, a mulher que unge Jesus é identificada como Maria, irmã de Marta e Lázaro, que havia sido ressuscitado dos mortos. A cena acontece seis dias antes da Páscoa na casa deles em Betânia. Judas teria criticado dizendo que um perfume caro teria sido melhor aproveitado se revertido em dinheiro aos pobres, porém, o evangelista indica que a intenção verdadeira de Judas era roubar o dinheiro. Mais uma vez Jesus aprova a atitude da mulher (Jo 12: 1 – 8).

Marta e sua irmã Maria de Betânia protagonizaram um outro interessante episódio envolvendo Jesus.

Estando em viagem, entrou num povoado, e certa mulher, chamada Marta, recebeu-o em sua casa. Sua irmã, chamada Maria, ficou sentada aos pés do Senhor, escutando-lhe a palavra. Marta estava ocupada pelo muito serviço. Parando, por fim, disse: "Senhor, a ti não importa que minha irmã me deixe assim sozinha a fazer o serviço? Dize-lhe, pois, que me ajude". O Senhor, porém, respondeu: "Marta, Marta, tu te inquietas e te agitas por muitas coisas; no entanto, pouca coisa é necessária, até mesmo uma só. Maria, com efeito, escolheu a melhor parte, que não lhe será tirada" (Lc 10: 38 -41).

Na época de Jesus, ainda que sendo uma exceção, havia mulheres em algumas escolas filosóficas gregas como na dos cínicos e epicuristas, que pregavam igualdade para as mulheres. No entanto, na região de Jesus não havia muitos representantes dessas escolas filosóficas, muito pelo contrário, nas áreas rurais as mulheres eram ainda mais limitadas. Por isso alguns estudiosos não creem ser plausível que Jesus estimulasse o comportamento de Maria. No entanto, são raras as fontes que citam outros mestres judeus, além de Jesus, que possuíssem seguidoras mulheres para servir de parâmetro confiável.

Até que Jesus viesse modificar alguns costumes e práticas, a participação da mulher na religião judaica era muito limitada. Praticamente ela só participava na celebração doméstica acendendo as velas, pronunciando certas orações e cuidando de alguns detalhes do ritual do sábado. O acesso ao templo era restrito ao átrio dos pagãos e ao das mulheres. Elas eram desobrigadas de recitar diariamente a *Shemá*, a confissão de fé oficial dos israelitas, não precisavam fazer as peregrinações a Jerusalém nas festas da Páscoa, Pentecostes ou das tendas e, se fossem, precisariam estar acompanhadas por um homem, com o rosto coberto por um véu, não sendo permitido que conversassem com estranhos em público. As mulheres geralmente não eram iniciadas na Torá, raramente estudavam as escrituras e nenhum escriba as aceitaria como discípulas. Escritos rabínicos, um pouco posteriores à época de Jesus, apregoam que quem ensina a Torá à sua filha, ensina-lhe a libertinagem, pois ela fará mau uso do que aprendeu e que seria melhor queimar as palavras da Torá do que confiá-las à mulher.[68]

Jesus apresentava certas características em seu discurso que seriam atrativas para as mulheres. Para Jesus, o Reino de Deus seria um lugar muito diferente do contexto em que viviam. Haveria uma inversão social de papéis. Os pobres, oprimidos e humilhados seriam os primeiros a ter garantido seu lugar no reino. Como as mulheres fossem muitas vezes oprimidas, não é de se espantar que o discurso de Jesus fosse atrativo para elas e que ele tivesse seguidoras assíduas muito interessadas em ouvir com detalhes a sua mensagem. Além disso, há uma passagem em Marcos na qual Jesus afirma que no Reino de Deus as pessoas não se casariam, mas seriam como anjos no céu (Mc 12:25). Se não houvesse casamento, as mulheres seriam mais livres e tornariam-se anjos assim como os homens.

Jesus ampliou a condição maternal obrigatória da mulher, atribuindo a ela uma participação diferente nos planos divinos. Em certa ocasião, uma mulher do povo bendisse a mãe de Jesus pela única coisa importante para uma mulher judia da época, a maternidade e o cuidado com os filhos. "Felizes as entranhas que te trouxeram e os seios que te amamentaram!" Ele, porém, respondeu: "Felizes, antes, os que ouvem a palavra de Deus e a observam" (Lc 11: 27 – 28). Mais do que dar à luz e amamentar seus filhos, a felicidade e realização plena, tanto da mulher quanto do homem, é a capacidade de ouvir a mensagem do Reino de Deus e colocá-la em prática.[69]

A importância das mulheres para Jesus e para o cristianismo nascente foi comprovada pelos relatos da morte e ressurreição de Jesus. Foi neste momento que uma figura feminina recebeu maior destaque, Maria Madalena.

Maria era chamada Madalena por ser natural de Magdala, cidade costeira próxima a Nazaré. Ela é citada treze vezes no *Novo Testamento*, sendo que algumas citações ocorrem em histórias semelhantes e paralelas entre evangelhos. Antes da crucificação seu nome é mencionado uma vez apenas por Lucas

(8:2) entre as mulheres que tinham sido curadas e seguiam Jesus, auxiliando-o com suas posses. De Maria Madalena só se diz que teria sido curada de sete demônios e que era sua seguidora e apoiadora financeira.

É no relato da morte de Jesus que ela e outras mulheres aparecem com destaque. Madalena e outras mulheres já citadas, estiveram presentes na crucificação, assistiram ao sepultamento e foram no terceiro dia ungir o corpo de Jesus, encontrando o túmulo vazio.

Os relatos da morte e ressurreição são muito divergentes e fica difícil saber exatamente quantas e quais mulheres presenciaram a sua morte e sepultamento e como aconteceu a ressurreição.

Em Marcos, o mais antigo dos evangelhos, Madalena estava acompanhada de outras mulheres quando assistiu de longe a crucificação, viu o local de sepultamento e foi ungir o corpo de Jesus. Ao chegar ao túmulo, a pedra já havia sido removida e dentro do sepulcro um homem com uma túnica branca as avisou da ressurreição e disse-lhes para contarem aos discípulos que deveriam encontrar Jesus ressuscitado na Galileia. As mulheres assustadas fugiram e não contaram nada a ninguém (Mc 16: 1 – 8).

O trecho final de Marcos, que sucede esta narrativa, identifica Maria Madalena como sendo a primeira a ver Jesus ressuscitado. Mas há algo que deve ser enfatizado: esse trecho não faz parte dos manuscritos mais antigos do *Evangelho de Marcos*. O evangelho original terminava no versículo 8. Há vários manuscritos com finais diferentes acrescentados e isso é de conhecimento geral entre teólogos e historiadores, conforme comprovado pela nota de rodapé relativa a este trecho na *Bíblia de Jerusalém*. Alguns argumentam que o texto não terminava abruptamente, mas que o final foi perdido. De qualquer forma, o relato terminando com as mulheres fugindo e não contando nada a ninguém inviabilizaria a crença no Jesus ressuscitado, já que ninguém teria testemunhado a sua aparição depois de morto. Para corrigir o problema, diferentes finais foram acrescentados por copistas posteriores.

Os outros evangelhos trataram todos da ressurreição e aparição de Jesus, sempre envolvendo testemunhas femininas.

No *Evangelho de Mateus*, Maria Madalena e outra Maria veem a pedra ser removida do túmulo por um tremor de terra causado por um anjo. Esse anjo informa que Jesus ressuscitou e que ele estará na Galileia. Elas correm depressa para anunciar aos discípulos o ocorrido. Jesus aparece não só à Madalena, mas à outra Maria. As mulheres comovidas abraçam seus pés (Mt 28: 1 – 10).

Em Lucas, Madalena, Joana e Maria, mãe de Tiago, descobrem o túmulo vazio. Desta vez dois anjos as avisam da ressurreição e não há menção de ir à Galileia. As mulheres avisam os discípulos, que não acreditam achando que era desvario de mulheres. Pedro resolveu conferir e encontrou o túmulo vazio. Jesus não apareceu às mulheres, mas a dois discípulos de Emaús, a Pedro e aos onze reunidos (Lc 24: 1 – 43).

O relato de João é ainda mais divergente. Junto à cruz estão Madalena, Maria a mãe de Jesus, a tia de Jesus e Maria, mulher de Clopas. Reparem que nos outros evangelhos Maria, mãe de Jesus, não é mencionada na crucificação ou depois da morte. Madalena foi sozinha ao túmulo ungir o corpo e o encontrou vazio, não havia anjos no sepulcro. Ela avisou Pedro e o discípulo amado (a tradição entende que é João) que o corpo de Jesus desaparecera. Os discípulos confirmaram que o túmulo estava vazio e foram embora confusos. Sozinha, Madalena chorava em frente ao sepulcro. Quando olhou para dentro, viu que dois anjos estavam lá. Do lado de fora apareceu Jesus, mas ela não o reconheceu, pensando que era o jardineiro. Somente quando ele a chamou pelo nome é que ela o reconheceu, mas Jesus não permitiu que ela o tocasse. Madalena saiu então para dar testemunho da ressurreição aos discípulos (Jo 20: 1 – 18).

Ainda que haja divergências quanto aos detalhes, todos os evangelhos afirmam que as mulheres estavam presentes na morte de Jesus e que encontraram o túmulo vazio. Maria Madalena é reconhecida como a primeira testemunha da ressurreição de Jesus, base da teologia cristã. Por esse motivo ela é considerada por muitos como a primeira apóstola, aquela que pregou pela primeira vez que Jesus era o Cristo ressuscitado.[70] Devido a sua importância, muitas histórias sobre ela foram criadas posteriormente, e houve por vezes uma fusão da Maria Madalena com outras mulheres do *Novo Testamento*, dando origem a boatos e lendas diversos que serão vistos com mais profundidade posteriormente.

Apesar de haver controvérsias entre os detalhes da participação feminina no ministério de Jesus, há unanimidade entre teólogos e historiadores de que havia mulheres influentes no círculo íntimo de seguidores de Jesus. Há consenso de que as mulheres foram fiéis a Jesus até o fim, presenciando sua morte, sepultamento e anunciando a ressurreição. Alguns defendem que havia mulheres entre os participantes da última ceia. Porque elas estariam ausentes se havia seguidoras em Jerusalém e se as mulheres normalmente participavam da ceia pascal? Quem iria preparar e servir o banquete se não fossem as mulheres? Onde elas comeriam a ceia sozinhas em Jerusalém? Algumas das seguidoras de Jesus eram parentes de seus discípulos e certamente estariam reunidas com eles em uma data de celebração familiar.[71]

Quanto ao motivo das mulheres seguirem Jesus, há controvérsias. Alguns afirmam que Jesus queria instaurar um reino igualitário na Terra, outros que a sua mensagem apocalíptica de um reino vindouro de justiça traria a igualdade para homens e mulheres. Mas, mesmo após a morte de Jesus, as mulheres continuaram compartilhando o interesse pela sua mensagem e passaram a esperar a salvação pela sua morte e ressurreição e muitas eram as cristãs, no início do cristianismo e nos séculos seguintes, como atestam os escritos de Orígenes, no século II, que afirmam que o cristianismo tinha muitos adeptos entre os escravos, as mulheres e as crianças.[72]

Outros escritos do Novo Testamento, as cartas de Paulo, apresentam vários exemplos de participação feminina no cristianismo nascente, inclusive com papéis de liderança entre as igrejas fundadas por ele.

Paulo era um judeu da diáspora, da seita farisaica, que falava e escrevia em grego e tinha grande conhecimento das escrituras judaicas. Inicialmente perseguia os cristãos, provavelmente por discordar que Jesus era o Messias esperado do judaísmo.

O messias aguardado por uma parcela dos judeus deveria ser grande e poderoso, um rei, sacerdote ou juiz cósmico, mas de modo algum era esperado um messias crucificado. Aquele que morresse pendurado era considerado amaldiçoado (Dn 21: 22 - 23). No entanto, Paulo teve uma visão de Jesus ressuscitado que o converteu para a nova fé. De perseguidor, ele passou a ser defensor e propagador da crença em Jesus Cristo. O messias inesperado foi associado ao servo sofredor descrito em Isaías 53 e ao sofredor que foi justificado por Deus no Salmo 22. Desta maneira, Paulo encontrou nas escrituras judaicas um arcabouço para a sua fé em Jesus como o Messias, o Cristo escolhido por Deus, que, ao ser salvo da morte pela ressurreição, livrou todos do pecado e nos proporcionou a salvação.[73]

Paulo passou a crer que, pela fé no Cristo ressuscitado, os batizados na fé em Jesus seriam ressuscitados em breve, quando Jesus retornasse para o julgamento final. Era preciso espalhar a boa nova, o evangelho da salvação para todos, inclusive para os gentios, e tinha que ser rápido. Paulo tornou-se um apóstolo e iniciou uma série de viagens nas quais propagou a mensagem cristã fazendo novos convertidos e fundando pequenas igrejas nos lugares por onde passava, principalmente em áreas urbanas ao redor do Mediterrâneo. Após fundá-las, Paulo seguia sua viagem para espalhar a boa nova a outras comunidades. Durante sua ausência, algumas comunidades tiveram alguns problemas com falsos profetas, mal comportamento de seus membros, dúvidas teológicas etc. Para auxiliar as comunidades com conselhos e esclarecimentos sobre fé e prática e manter a unidade entre elas, Paulo escrevia enquanto realizava suas viagens. Algumas dessas cartas foram incorporadas ao *Novo Testamento*.

Na Bíblia, encontramos vinte e uma epístolas, sendo que treze são atribuídas a Paulo. A ordem cronológica das cartas é diferente da ordem em que aparecem na Bíblia. Dentro de uma visão ampla, teríamos a seguinte ordem na escrita das epístolas paulinas: 1 Tessalonicenses: 50/51 d.C.; 1 Coríntios; 2 Coríntios; Filipenses: 54 d.C.; Filemon e Gálatas: 54/55 d.C.; Romanos: 56 d.C.[74]

Há, no entanto, cartas atribuídas a Paulo que são de autoria duvidosa. Estilo literário diferente, assuntos relativos a problemas que só surgiram tempos depois da morte de Paulo e até mesmo posições contrárias a seus ensinos levaram vários especialistas a considerar algumas delas como pseudoepígrafas, ou seja, atribuídas a Paulo sem serem de sua autoria. Ei-las: Colossenses: 70/80 d.C.; 2 Tessalonicenses; Hebreus e Efésios: 80/90 d.C.; Cartas Pastorais (1Tm, 2Tm e Tito): 100 d.C.[75]

Algumas destas cartas tratam de assuntos relativos a mulheres e suas participações nas primeiras comunidades cristãs.

Especialistas têm debatido qual era a real visão de Paulo sobre as mulheres, pois, em seus textos, ora expressava certa igualdade, ora as mantinha submissas aos homens.

Na *Primeira Epístola a Timóteo,* encontramos a seguinte opinião:

Quanto às mulheres, que elas tenham roupas decentes, se enfeitem com pudor e modéstia; nem tranças, nem objetos de ouro, pérolas ou vestuário suntuoso; mas que se ornem, ao contrário, com boas obras, como convém a mulheres que se professam piedosas. Durante a instrução a mulher conserve o silêncio, com toda submissão. Eu não permito que a mulher ensine ou domine o homem. Que ela conserve, pois, o silêncio. Porque primeiro foi formado Adão, depois Eva. E não foi Adão que foi seduzido, mas a mulher que, seduzida, caiu em transgressão. Entretanto, ela será salva pela sua maternidade, desde que, com modéstia, permaneça na fé, no amor e na santidade (1Tm 2: 9 – 15).

É bastante claro neste trecho que as mulheres não tinham direito à participação ativa nos cultos, devendo permanecer caladas. A autoridade do homem é justificada por ter sido o primeiro a ser criado, além de ser por causa da fala de Eva que Adão foi levado a desobedecer a Deus. A mulher, quando se manifesta, leva o homem à perdição e por isso deve permanecer calada. A salvação da mulher viria do silêncio, da submissão ao marido e, principalmente, pelo exercício da maternidade.

Na *Segunda Epístola a Timóteo*, no trecho que trata dos perigos dos últimos tempos, o autor chama a atenção para pessoas perigosas das quais o fiel deveria se afastar.

Entre estes se encontram os que se introduzem nas casas e conseguem cativar mulherzinhas carregadas de pecados, possuídas de toda sorte de desejos, sempre aprendendo, mas sem jamais poder atingir o conhecimento da verdade (2Tm 3: 6 -7).

Aqueles que pregavam às mulheres e incentivavam a participação feminina deveriam ser afastados. Para que pregar às mulheres se elas não têm capacidade de compreender a verdade? Este trecho foi amplamente utilizado para afastar as mulheres do ensino formal.

As duas passagens são muito claras em colocar as mulheres como submissas aos homens, devendo permanecer caladas, cumprindo seu papel maternal porque não possuem capacidade de compreender as verdades da fé.

Por que os especialistas ainda têm dúvidas sobre a opinião de Paulo? Em primeiro lugar porque as Epístolas Pastorais, 1 e 2 Timóteo e Tito não são, originalmente, da autoria de Paulo, apesar de terem sido escritas como se fossem. Há um consenso entre estudiosos de que as três cartas foram escritas pela mesma pessoa, mas não foi Paulo o seu autor. O vocabulário e o estilo literário são muito diferentes de outras epístolas que seguramente foram escritas por ele. Mais de um terço das palavras contidas nestas epístolas não aparecem em nenhum momento nas outras cartas atribuídas a Paulo. Alguns vocábulos são característicos de autores cristãos do segundo século, bem posteriores à morte de Paulo que foi por volta do ano 67 d.C. Há também diferenças teológicas e de organização da igreja que diferem de outros escritos de Paulo e de tudo o que sabemos sobre sua crença. Além disso, o posicionamento de Paulo sobre as mulheres também é diverso do que encontramos em outras cartas.

Na epístola aos Gálatas, que é considerada autêntica, encontramos o seguinte:

Vós todos sois filhos de Deus pela fé em Cristo Jesus, pois todos vós, que fostes batizados em Cristo, vos vestistes de Cristo. Não há judeu nem grego, não há escravo nem livre, não há homem nem mulher; pois todos vós sois um só em Cristo Jesus (Gl 3: 26 -28).

Ou seja, todos os batizados em Cristo são filhos de Deus pela fé e foram remidos do pecado pelo sacrifício da morte de Cristo na cruz. O trecho demonstra que, ao menos para Deus, homens e mulheres são iguais e merecem ser salvos.

É na *Epístola aos Romanos* que encontramos revelações surpreendentes sobre a participação feminina na igreja primitiva. Ao final da carta, Paulo faz saudações e recomendações a companheiros cristãos (Rm 16: 1 – 16). A primeira saudação é a uma mulher, Febe, que é chamada de irmã e diaconisa (ministra) da igreja de Cencreia, ela mesma a portadora da carta, a quem Paulo confiou a entrega e pediu que a recebessem de modo digno como convém a santos, completando que ela ajudou a muitos, inclusive ao próprio Paulo. Na sequência ele saúda Prisca e Áquila, seu marido, por serem seus colaboradores em Cristo, que arriscaram suas vidas para salvar Paulo e que têm uma igreja na sua própria casa. Observem que o nome de Prisca é citado antes do nome do marido. Em *Atos dos Apóstolos* ela é denominada Priscila (At 18: 2 – 3). Na sequência, Paulo saúda Maria, que trabalha com os romanos, saúda Trifena, Trifosa e Pérside que muito "se afadigaram no Senhor", também a Júlia, saúda a irmã de Nereu e a mãe de Rufo, todas trabalhadoras cristãs e destaques da comunidade. Mas o mais impressionante é a menção a uma apóstola: "Saudai Andrônico e Júnia, meus parentes e companheiros de prisão, apóstolos exímios que me precederam na fé em Cristo" (Rm 16: 7). Júnia era apóstola antes mesmo de Paulo, comprovando que o grupo apostólico era bem maior que os doze escolhidos inicialmente por Jesus. Algumas traduções bíblicas apresentam o nome Júnias, como se fosse um homem, porém, esse nome não existia na época e Júnia era bastante comum.

Na *Epístola aos Filipenses*, Paulo cita nominalmente duas mulheres como membros da congregação: Evódia e Síntique, e pede que elas sejam unânimes na fé porque elas o ajudaram a lutar pelo Evangelho, denotando que elas tinham uma função importante na igreja.

Talvez a ausência de mulheres citadas como discípulas de Jesus, apesar de várias a acompanharem em suas pregações, deva-se ao fato de não existir em aramaico a palavra equivalente a discípula. O fenômeno de mulheres seguidoras de um mestre como Jesus era tão incomum que não havia nome adequado para isso. O termo discípula só apareceu no século II e foi aplicado à Madalena no texto apócrifo *Evangelho de Pedro*.[76]

Fica claro, baseado nas citações de cartas autênticas paulinas, que as mulheres participavam ativamente das igrejas no início do cristianismo e que possuíam papéis de destaque. Outrossim, isso não quer dizer que Paulo pregava a total igualdade entre mulheres e homens. Na *Primeira Epístola aos Coríntios*, considerada autêntica, era permitido às mulheres orar e professar nas assembleias contanto que cobrissem as cabeças, prática judaica comum na época. Os homens não deveriam orar e profetizar com os cabelos compridos. Paulo diferenciava práticas e costumes entre os sexos, sem, porém, proibir a participação efetiva de qualquer um dos dois no culto.

Um trecho controverso aparece três capítulos depois, na mesma epístola aos coríntios. No capítulo catorze, quando Paulo procurava disciplinar as manifestações proféticas durante as assembleias, novamente aparece a menção de que as mulheres deveriam permanecer caladas e não deveriam tomar a palavra, permanecendo submissas e perguntando qualquer coisa somente ao marido e em casa (1Co 14: 34 -35). Como conciliar o conselho de que as mulheres que fossem orar em público nas assembleias deveriam cobrir a cabeça com a proibição absoluta de se manifestar durante os cultos? Persistindo esta dúvida, os especialistas verificaram que o trecho referido acima, para as mulheres permanecerem caladas, foi um acréscimo posterior de um copista. O trecho não falava da presença feminina, mas sobre os profetas da igreja. Quando os versos sobre as mulheres são removidos, o texto flui perfeitamente com coerência e sem interrupção. Além disso, em diferentes manuscritos sobreviventes das cartas paulinas, este mesmo trecho aparece em locais diferentes, levando a crer que originalmente seria um nota de rodapé inspirada, quem sabe, na *Epístola a Timóteo,* que acabou sendo incorporada ao texto posteriormente.

Assim sendo, encontramos evidências suficientes de que as mulheres participavam ativamente das igrejas primitivas do cristianismo e que, com o passar do tempo, já no início do segundo século, houve um movimento dentro do cristianismo para expurgar as mulheres da vida ativa das congregações, conforme visto na *Epístola a Timóteo*.

Saber que houve alterações nas escrituras no intuito de apagar e minimizar a participação feminina no cristianismo, é fundamental para que compreendamos que nem Jesus, nem Paulo opunham-se à participação das mulheres, muito pelo contrário.

Pudemos ver que as mulheres acompanhavam Jesus durante seu ministério e que, inclusive, eram responsáveis por parte de seu sustento. Jesus não excluía as mulheres do Reino de Deus porque, para ele, os considerados fracos e oprimidos seriam os primeiros no reino de bondade e justiça que Deus implantaria na Terra e a mulher daquela época era muito marginalizada. Jesus curou e conviveu com mulheres e foram elas que permaneceram ao seu lado até o fim. Enquanto os discípulos homens fugiam para preservar suas vidas, as discípulas acompanharam o seu calvário, assistiram a sua morte e sepultamento, foram preparar o seu corpo de maneira adequada e foram as primeiras a acreditar e a professar a ressurreição de Jesus. Sem as mulheres não haveria a descoberta do túmulo vazio, prova da ressurreição, base da fé cristã.

Para Paulo, as mulheres tiveram um papel fundamental o apoiando, abrindo suas casas para as primeiras igrejas, exercendo importantes funções, inclusive no apostolado, arriscando suas vidas e até mesmo sendo presas e martirizadas pela causa do Cristo.

Com o não cumprimento da expectativa escatológica, houve a necessidade de uma maior organização das igrejas cristãs e padronização da fé. Várias eram as crenças e práticas, todas ditas cristãs, mas com muitas diferenças entre si. Uma das vertentes, conhecida atualmente como ortodoxia, começou a defender que ela era a legítima representante de Cristo porque era a herdeira dos ensinamentos dos primeiros apóstolos. Tendo grande representatividade em Roma, capital do Império Romano, justificou que sua igreja teria sido criada por Pedro e que Jesus teria atribuído a ele a continuação de sua igreja. Os bispos de Roma seriam então os verdadeiros representantes de Cristo por terem sido os herdeiros de Pedro.

Com o passar do tempo, houve um fortalecimento da proto-ortodoxia em detrimento de outras vertentes cristãs que aprovavam a participação feminina, conforme o modelo inicial das igrejas paulinas. A importância das mulheres na liderança da religião cristã foi eclipsada para que os bispos pudessem defender seus lugares como representantes de Cristo e dos primeiros apóstolos que, segundo eles, eram todos homens. Alguns escritos bíblicos foram criados ou alterados inserindo trechos para desestimular e até mesmo proibir que as mulheres fossem mais do que apenas crentes passivas. Estes textos, entre eles as epístolas a Timóteo, tiveram autoria atribuída aos apóstolos, ou companheiros próximos a eles, para que trouxessem credibilidade ao seu propósito de exclusão das mulheres das atividades eclesiais.

Textos de outras crenças cristãs primitivas foram considerados heréticos, errados e perigosos e muitos foram destruídos. A memória da liderança feminina foi sendo esquecida e durante muitos anos houve a impressão de que somente os homens podiam participar da vida ativa da igreja.

Com a chegada do Renascimento e de movimentos como o Humanismo e Iluminismo, novos estudos críticos foram feitos e novas descobertas demonstraram que nem todas as práticas da Igreja Católica tinham fundamento bíblico. O movimento reformista, que deu origem às igrejas denominadas protestantes, foi um dos que apontou essas divergências. Incrivelmente, apesar de tantos séculos terem se passado de estudos criteriosos e críticos da Bíblia, muitos ainda hoje não fazem ideia de que é possível, conforme comprovado neste livro, encontrar na própria Bíblia evidências de que a realidade feminina no princípio do movimento cristão e até mesmo durante a vida de Jesus era bem diferente. Felizmente, na atualidade, há várias religiões cristãs que aceitam e incentivam o protagonismo feminino em seus quadros ministeriais.

No entanto, a Bíblia não é a única fonte para conhecermos os primórdios do cristianismo. Muitos outros textos de diferentes igrejas cristãs dos primeiros séculos contribuem para a compreensão da fé e dos costumes cristãos iniciais. Esses textos não entraram no cânone do *Novo Testamento*, diversos foram destruídos por serem considerados heréticos, mas durante os vários séculos muitos foram descobertos e trouxeram relatos incríveis sobre mulheres e deusas. Eles ficaram conhecidos como textos apócrifos e serão o tema do nosso próximo capítulo.

Capítulo 7: As mulheres nos escritos apócrifos.

Após a morte e ascensão de Jesus, inspirados pelo fenômeno do Pentecostes, quando receberam os dons do Espírito Santo para falar em línguas diversas, curar e exorcizar, tal qual seu mestre possuía em vida, os apóstolos saíram a pregar que Jesus era o salvador ressuscitado, o Messias (do hebraico *mashiach* e em grego *christós,* que significa ungido com óleo) escolhido por Deus.

A partir da pregação dos apóstolos, as primeiras comunidades cristãs tiveram início. As pessoas viviam em harmonia, dividindo seus bens e vivendo em comunidades onde reinava a paz. Essa é uma ideia romântica que permeia o imaginário de muitas pessoas até os dias atuais, no entanto, a situação era bem diferente. Não havia propriamente uma Igreja, tampouco a convivência era harmônica, nem a interpretação dos ensinos de Jesus era pacificada.

Desde a época em que Jesus era vivo, os discípulos já discutiam entre si para ver quem seria o primeiro entre eles. Tiago e João, filhos de Zebedeu, pediram a Jesus para sentarem ao seu lado no reino vindouro recebendo, contudo, a negativa de Jesus. Ele não poderia determinar a escolha, já havia predestinados ao cargo (Mc 10: 35 – 40). Os outros discípulos ficaram indignados com a atitude dos dois. Jesus, então, reuniu todos explicando que:

Sabeis que aqueles que vemos governar as nações as dominam, e os seus grandes as tiranizam. Entre vós não será assim: ao contrário, aquele que dentre vós quiser ser grande, seja o vosso servidor, e aquele que quiser ser o primeiro dentre vós, seja o servo de todos. Pois o Filho do Homem não veio para ser servido, mas para servir e dar a sua vida em resgate por muitos (Mc 10: 42 – 45).

O líder cristão deveria ser humilde e servidor e não tirano como os governantes seculares romanos, lição que, infelizmente, foi muitas vezes esquecida pelos líderes cristãos ao longo dos séculos seguintes.

As primeiras comunidades cristãs não ficaram livres de controvérsias. A *Primeira Epístola de Paulo aos Coríntios*, endereçada à comunidade que ele mesmo havia fundado, demonstra que ela estava dividida e escandalizada e havia rixas entre os fieis. Alguns afirmavam serem seguidores de Paulo, outros de Apolo, ou Cefas (Pedro) ou Cristo, demonstrando que havia várias lideranças diferentes bem no início do cristianismo. Havia também denúncias de imoralidade e condutas impróprias. Um dos seguidores coabitava com a esposa do próprio pai, outros recorriam a tribunais romanos ao invés de resolverem seus problemas dentro da própria comunidade. Durante a ceia comunal, que celebravam em memória do Cristo, uns comiam e se embriagavam enquanto outros passavam fome. Não havia a partilha de bens que seria desejada.

Nas comunidades de Pedro nem tudo era perfeito. *Atos dos Apóstolos* apregoa que a igreja deveria ter a seguinte configuração:

Todos os que tinham abraçado a fé reuniam-se e punham tudo em comum: vendiam suas propriedades e bens, e dividiam-nos entre todos, segundo as necessidades de cada um. Dia após dia, unânimes, mostravam-se assíduos no Templo e partiam o pão pelas casas, tomando o alimento com alegria e simplicidade de coração. Louvavam a Deus e gozavam da simpatia de todo o povo. E o Senhor acrescentava cada dia ao seu número os que seriam salvos (At 2: 44 – 47).

Entretanto, Ananias e Safira quiseram entrar para a comunidade, venderam suas propriedades, mas guardaram uma parte do dinheiro para si. Quando Ananias foi entregar parte do montante a Pedro, este o acusou de mentir a Deus e Ananias caiu morto, sendo sua esposa fulminada também pouco depois (At 5: 1 – 10). A presumível fraternidade, neste caso, foi mantida pela ira divina.

Devemos destacar que as divergências sobre a interpretação dos ensinos e da salvação de Jesus e sobre a condução da comunidade já estavam presentes desde o início. Entre os próprios apóstolos foi feita uma reunião, conhecida por *Concílio de Jerusalém*, para decidir se os seguidores de Jesus deveriam continuar seguindo a lei judaica. Segundo o livro dos *Atos dos Apóstolos* houve um consenso de que os novos adeptos não precisavam ser judeus, nem serem circuncidados, conquanto se abstivessem de carnes imoladas aos ídolos, do sangue, das carnes sufocadas e das uniões ilegítimas (At 15: 29). O acordo não evitou que Paulo acusasse Pedro de hipócrita na *Epístola aos Gálatas*:

Mas quando Cefas veio a Antioquia, eu o enfrentei abertamente, porque ele se tinha tornado digno de censura. Com efeito, antes de chegarem alguns vindos da parte de Tiago, ele comia com os gentios, mas, quando chegaram, ele se subtraía e andava retraído, com medo dos circuncisos. Os outros judeus começaram também a fingir junto com ele, a tal ponto que até Barnabé se deixou levar pela sua hipocrisia. Mas quando vi que não andavam retamente segundo a verdade do evangelho, eu disse a Pedro diante de todos: se tu, sendo judeu, vives à maneira dos gentios e não dos judeus, por que forças os gentios a viverem como judeus? (Gl 2: 11 – 14).

Além das controvérsias judaizantes, outros pregadores começaram a aparecer nas comunidades com ensinamentos diferentes. Paulo escreveu às igrejas da Galácia, que eram pequenas e reunidas nas casas dos fieis, para criticá-los por tê-lo abandonado e passado a seguir outro evangelho. O significado de evangelho naquela época era muito diferente do atual. Conforme já abordado anteriormente, não havia naquela época um evangelho, mas sim o conjunto de ensinamentos de Cristo transmitido oralmente e, talvez, alguns poucos escritos esparsos. Evangelho significa boa nova e era justamente sobre a boa nova da ressurreição de Jesus para a purificação de nossos pecados e salvação que Paulo pregava. Mas, ainda assim, havia seguidores de Cristo que tinham uma interpretação diferente, como explica Paulo:

Admiro-me que tão depressa abandoneis aquele que vos chamou pela graça de Cristo, e passeis a outro evangelho. Não que haja outro, mas há alguns que vos estão perturbando e querendo corromper o Evangelho de Cristo. Entretanto, se alguém — ainda que nós mesmos ou um anjo do céu — vos anunciar um evangelho diferente do que vos anunciamos, seja anátema (Gl 1: 6 – 8).

Anátema é uma sentença de condenação formal que resulta na maldição e expulsão da comunidade do fiel que proferiu crenças impróprias.

João de Patmos, no livro *Apocalipse*, ao escrever para as igrejas de Éfeso, Patmos e Tiatira, advertiu sobre a pregação feita por grupos cristãos denominados nicolaítas e baalamitas. Na *Primeira Epístola de João* encontramos um alerta sobre anticristos e falsos profetas que se haviam infiltrado nas comunidades cristãs.

Enquanto os apóstolos eram vivos, de uma certa forma, eles controlavam o monopólio da interpretação da mensagem cristã, ainda que houvesse divergência entre eles.

No início do segundo século, todos os apóstolos de Jesus já haviam morrido e as comunidades não tinham mais organização carismática, ou seja, guiada pelos dons do Espírito Santo. Era necessário haver uma organização e uma busca da fé correta, já que muitos grupos cristãos diferentes existiam. Um destes grupos, denominado posteriormente de ortodoxo, começou a reivindicar para si a legitimidade de ser o verdadeiro grupo sucessor dos apóstolos e por isso seria o único que poderia interpretar os ensinos de Cristo corretamente. Este grupo organizou-se de forma hierárquica, sendo o bispo o seu representante máximo, e passou a perseguir os outros grupos que tinham ideias diferentes das suas, chamando-os de hereges.

O termo heresia vem do grego *háiresis,* que significa escolha. Mas esta escolha foi considerada errada e o nome foi vinculado a uma porção de cristãos que não aderiu à doutrina pregada pelos ortodoxos. Esses grupos considerados heréticos tinham crenças próprias e textos escritos, muitos deles de autoria atribuída a seguidores de Jesus como: Paulo, Tiago irmão de Jesus, Maria Madalena e até de um suposto irmão gêmeo de Jesus, Tomé o dídimo.[77] Como os ortodoxos eram os únicos que se intitulavam representantes dos apóstolos, que haviam sido os únicos a serem testemunhas oculares dos fatos da vida e da ressurreição de Cristo, apenas os textos de autoria dos apóstolos ou pessoas próximas a eles e da mesma época poderiam ser considerados autênticos e somente os bispos tinham autoridade para interpretá-los. Os evangelhos que traziam o pensamento coerente com a interpretação dos bispos foram considerados autênticos e atribuídos aos verdadeiros seguidores de Jesus, como foi o caso dos evangelhos de Mateus e João, apóstolos, e Marcos e Lucas, companheiros de Pedro e Paulo, respectivamente.

Ainda que hoje saibamos que os quatro evangelhos eram anônimos e que a atribuição aos apóstolos tenha sido posterior, na época, a maioria das pessoas não tinha esse conhecimento e foram convencidas, com o passar dos anos e de diversos concílios (reuniões de bispos), de que somente o ensinamento contido neles deveria ser seguido. Os outros diversos grupos cristãos também tinham textos de testemunho e fé, mas como não faziam parte do grupo ortodoxo, a autoria dos textos foi contestada e considerada falsa. Os textos dos grupos heréticos foram denominados apócrifos, ou seja, não autênticos, e foram sistematicamente repudiados, detratados e destruídos.

A crença dos primeiros grupos cristãos era imensamente variada. Havia os que acreditavam que existia um único Deus, outros que havia dois deuses, sendo que um deles, aquele que criou a Terra, o Deus do *Antigo Testamento,* era uma divindade menor e malvada. Outros acreditavam que existiam centenas de deuses e que o nosso mundo era resultado de um erro cósmico, um lugar de prisão e sofrimento. Em relação a Jesus, uns atribuíam a ele personalidade divina e humana ao mesmo tempo, outros o consideravam um simples ser humano e outros que era um ser completamente divino que se apossou do corpo do homem Jesus, durante o batismo, e o abandonou antes da morte, ou ainda que era um ser divino que tinha apenas aparência de humano. A salvação do mundo foi atribuída à morte e ressurreição de Cristo por uns, para outros, a salvação estava nos ensinamentos secretos que ele proferiu a um seleto grupo de iniciados e havia ainda grupos que asseguravam que Jesus não morreu, foi tudo mera ilusão.[78]

A vasta documentação de textos que demonstrava a imensa variedade de cristianismos primitivos e os seus diversos modos de interpretar as lições de Jesus e os fatos da sua vida, foi quase que totalmente destruída e por muito tempo ficou conhecida apenas por fragmentos em citações de escritores ortodoxos que as combatiam, chamados heresiólogos. Mas o que conhecíamos era apenas a versão que os ortodoxos apresentavam. A ausência dos textos originais, destruídos, impedia uma análise mais isenta. A situação começou a se modificar quando descobertas arqueológicas revelaram escritos de autoria dos grupos heréticos e alteraram a forma como compreendemos o cristianismo inicial. Dentre os textos descobertos, os mais importantes foram os encontrados em *Nag Hammadi*, no Egito, por um grupo de agricultores locais no ano de 1947.

A biblioteca de Nag Hammadi continha textos variados com tradições muito antigas que remontam principalmente ao segundo século e entre eles havia alguns textos relacionados a um grupo de cristãos primitivos chamados de gnósticos. Eles receberam este nome porque, para eles, a salvação não era proveniente da morte e ressurreição de Jesus, mas do conhecimento, significado de *gnose*, que permitia ao ser humano conhecer a sua origem divina e se libertar deste mundo prisão em que viviam para, finalmente, reunirem-se à plenitude do Deus verdadeiro. Os textos gnósticos, contidos na biblioteca descoberta, demonstravam um cristianismo muito diferente do que sobreviveu aos dias atuais e complementavam e esclareciam as características mencionadas nos escritos dos primeiros *Padres Apostólicos* que combatiam as heresias, como: Irineu e Tertuliano.[79]

As origens do gnosticismo ainda são discutidas. Há especialistas que afirmam haver influência hindu ou budista, alguns atribuem origem no dualismo do Zoroastrismo, outros que seria uma seita inicialmente judaica que modificou os conceitos apocalípticos por influência platônica.

Na realidade, não se pode falar em uma crença gnóstica única. Havia diferentes entendimentos e diversos líderes. Apesar da diversidade, de maneira geral, alguns pontos em comum podem ser estabelecidos. No início havia um Deus único, plenamente espiritual e perfeito. Desta deidade emanaram outras divindades aos pares chamadas *aeons*, cada qual com uma qualidade. Destes *aeons* emanaram outras entidades divinas menores e o conjunto de todas essas divindades formava o *Pleroma*. O último *aeon* emanado, uma entidade feminina chamada *Sofia*, que representa a sabedoria, foi a responsável pela criação do mundo material. Ela gerou sozinha uma criação imperfeita, o *demiourgo*, que foi o criador do mundo em que vivemos, que é mal por natureza, no qual os humanos foram aprisionados. Mas o Deus verdadeiro enviou centelhas divinas para animar alguns seres humanos. Estes poderiam libertar-se ao conhecerem a sua origem celeste. Para ajudar os homens, Jesus Cristo, ele mesmo um *aeon* superior, veio revelar a verdadeira *gnose* que poderia finalmente libertar-nos do jugo do *demiourgo* opressor, permitindo que a alma retornasse ao seu local de origem, o *Pleroma*.

Os gnósticos distinguem dois mundos: o material mau e o espiritual bom. A alma, que é o verdadeiro elemento espiritual, é que deve ser salva. O corpo é corrupto e desprezado. Apenas os portadores da centelha divina, que alcançam o conhecimento da sua origem divina por intermédio da verdadeira *gnose*, serão libertados e retornarão à liberdade do *Pleroma*.

As diferenças entre os gnósticos e os ortodoxos são muitas, porém, uma delas nos interessa particularmente, que é a questão da participação feminina.

Enquanto os ortodoxos professavam um só Deus e um só bispo, ambos masculinos, e procuravam afastar as mulheres do papel divino e da liderança eclesial, os gnósticos apresentavam um deus criador que não possuía personalidade masculina nem feminina ou possuía ambas, incognoscível, que originou pares divinos masculinos e femininos. A participação das mulheres como líderes, seguidoras e reveladoras da *gnose* é representada entre vários dos seus escritos como no *Evangelho de Maria* e *Evangelho dos Egípcios* que têm como protagonistas duas mulheres seguidoras de Jesus, Maria Madalena e Salomé.

Um dos mitos da criação encontrado no texto gnóstico *Livro Secreto de João*, explica que *Sofia*, um dos *aeons* primordiais, decidiu gerar um ser divino sem a participação de seu par masculino. Essa criação revelou-se imperfeita e defeituosa. Com medo de ser descoberta, *Sofia* a exilou do *Pleroma* para um mundo inferior. Essa entidade criada foi identificada pelos gnósticos com Iahweh, o Deus do *Antigo Testamento*, chamado por eles de Ialdabaó, que roubou o poder divino de sua mãe e criou seres divinos menores, além de criar o próprio mundo material. Ialdabaó foi compreendido à luz do pensamento cosmogônico de Platão como o *demiourgo*, o artesão divino criador, não do mundo espiritual, mas da alma humana no mundo material. Ele próprio sendo o responsável pela formação de toda a matéria a qual deu forma. Os deuses inferiores, criados pelo *demiourgo*, criaram todos os seres mortais.

O *demiourgo* passou a professar que era o Deus único e que não havia outro acima dele. Mas os seus auxiliares divinos descobriram que havia outro Deus superior e quando criaram Adão o fizeram à imagem e semelhança do Deus verdadeiro. Essa criação recebeu do Incognoscível o sopro divino da vida que trazia em si o poder de *Sofia* para os humanos. Quando o *demiourgo* descobriu esse poder no homem criado, prendeu os humanos ao mundo material. Para libertar os seres humanos aprisionados, o Deus verdadeiro enviou um *aeon* poderoso para ensinar que alguns homens e mulheres possuem natureza divina, que foram aprisionados na matéria e que podem libertar-se e ascender novamente. Alguns gnósticos cristãos associaram Jesus a este emissário celeste, revelador da verdadeira *gnose* libertadora.[80]

Por ser um ser divino, Jesus não poderia nascer humano, então duas crenças diferentes surgiram: Jesus apenas aparentava ser homem; ou entrou temporariamente no Jesus humano, transmitiu sua mensagem secreta, desligando-se do corpo antes da morte física de Jesus. Tudo isso pode parecer muito estranho e incompreensível, mas precisamos lembrar que a ideia ortodoxa de um único Deus em três pessoas soava tão estranha quanto e não foi aceita por vários grupos heréticos, além de ter sido contestada dentro da ortodoxia, conforme comprovam os vários concílios da Igreja que debateram incessantemente a verdadeira natureza de Deus, de Cristo e suas relações entre si e com o Espírito Santo. Aliás, em vários aspectos, o credo cristão foi formado e modificado justamente para combater ideias heréticas como a afirmação de que o Deus Pai, único, o mesmo do Antigo Testamento, foi o verdadeiro criador do céu e da terra em contraponto com crenças gnósticas que afirmavam que ele só teria criado o mundo material mau.[81]

Há outros mitos cosmogônicos bastante interessantes que apresentam não apenas um Deus Pai, mas também uma Deusa Mãe. Alguns textos relacionados a tradições de revelações de Tiago e Madalena diziam que os fiéis oravam da seguinte maneira, conforme registrou o heresiólogo Hipólito: "De Ti ó Pai, e através de Ti, ó Mãe, os dois nomes imortais, ancestrais do ser divino, e vós, que habitais o céu, humanidade de nome poderoso" (...).[82] Os detalhes sobre como era exatamente essa Mãe divina variam, mas conforme explica Elaine Pagels, havia três qualidades principais: ela é parte de um par original, é relacionada ao Espírito Santo, ou à Sabedoria (*Sophia* em grego). Destas concepções surgiram os mais variados credos e teorias envolvendo a divindade feminina.

Valentino, mestre gnóstico da Roma do século II, citado por Irineu, sugere que a natureza divina é composta de um elemento que corresponde ao Inefável, o Profundo, Pai Primordial e de outro complementar correspondente à Graça, o Silêncio, o Útero e Mãe do todo. A Quietude feminina recebe no "útero" a semente do Inefável e gera as emanações do ser divino em pares harmônicos com energias masculinas e femininas.[83]

Alguns gnósticos associaram o cálice da eucaristia com o recipiente do sangue da Graça, porção feminina de Deus, e muitas visões e revelações surgiram com formas femininas. Um discípulo de Valentino, chamado Marcos, afirmava ter tido uma visão em que a Verdade, em forma de mulher, desceu até ele para revelar a sua própria natureza e origem como jamais havia revelado a nenhum outro ser divino ou humano.

Outros gnósticos compreenderam que o divino era uma espécie de ser andrógino composto de feminino e masculino ao mesmo tempo, como no caso de *Sofia*, que conseguiu gerar sozinha um ser. Outros entendiam os termos como metafóricos porque Deus não era masculino, nem feminino.

Alguns começaram a entender que a parte divina correspondente ao Espírito Santo era, na realidade, feminina. O *Livro Secreto de João*, datado de meados do século II, descreve uma visão da Trindade que se revelou como sendo o Pai, a Mãe e o Filho. O termo grego para Espírito, *pneuma*, é neutro, mas o termo original hebraico para espírito é *ruah*, uma palavra feminina. A Mãe divina é descrita como a imagem do invisível, o espírito virginal e perfeito, a Mãe de todas as coisas, existindo antes de tudo.

Em outro texto gnóstico, o *Evangelho de Tomé*, Jesus compara seus pais terrenos Maria e José com seus genitores divinos: o Pai da Verdade e a Mãe celeste, Espírito Santo.

O *Evangelho de Felipe* ridiculariza quem pensa que Maria concebeu sem José, pois ao atribuir ao Espírito Santo a feminilidade, não seria possível a fecundação de uma mulher por outra mulher.

No *Antigo Testamento* podemos encontrar passagens em que a Sabedoria divina (do termo hebraico feminino *hokhmmah*) é citada como co-criadora divina.

Desde a eternidade fui estabelecida, desde o princípio, antes da origem da terra. Quando os abismos não existiam, eu fui gerada, quando não existiam os mananciais das águas. Antes que as montanhas fossem implantadas, antes das colinas, eu fui gerada; ele ainda não havia feito a terra e a erva, nem os primeiros elementos do mundo. Quando firmava os céus, lá eu estava, quando traçava a abóbada sobre a face do abismo; quando condensava as nuvens no alto, quando se enchiam as fontes do abismo; quando punha um limite ao mar: e as águas não ultrapassavam o seu mandamento, quando assentava os fundamentos da terra. Eu estava junto com ele como o mestre-de-obras, eu era o seu encanto todos os dias, todo o tempo brincava em sua presença: brincava na superfície da terra, encontrava minhas delícias entre os homens (Pr 8: 23 -31).

A Sabedoria criadora foi identificada pelos gnósticos como *Sofia*, a mãe genitora do *demiourgo,* o criador da Terra.

O *Testemunho da Verdade*, texto encontrado em *Nag Hammadi*, conta a história do Jardim do Éden do ponto de vista da serpente, animal frequentemente relacionado ao princípio da sabedoria divina na literatura gnóstica. A serpente convenceu Adão e Eva a compartilharem do conhecimento, enquanto Iahweh, o *demiourgo,* os ameaçava com a morte para impedi-los de alcançar o conhecimento da verdadeira origem divina dos humanos. Ao serem esclarecidos da verdade pela serpente, Adão e Eva obtiveram a *gnose* pelo conhecimento de sua origem, o que acabou sendo o verdadeiro motivo da expulsão do Éden. Deus era o escravizador que os mantinha na ignorância e a serpente a libertadora e reveladora da verdadeira *gnose*. Um trecho do *Testemunho da Verdade* proclama: "Mas que espécie de Deus é esse? Primeiro fez Adão cobiçar comer da árvore do conhecimento... Sem dúvida mostrou-se invejoso e malévolo."[84]

Outros relatos gnósticos apresentam Eva como a que deu a vida a Adão. *Sofia* (sabedoria) enviou *Zoe* (vida), sua filha, que se chamava Eva, para dar-lhe vida. Quando Adão levantou, ele disse que ela seria chamada a mãe dos vivos, porque deu a vida a ele.

Mas a participação feminina não se restringia apenas ao plano divino. As mulheres também participavam das comunidades em diversas funções. Irineu, bispo de *Lyon* do século II, admite em sua obra sobre os primeiros mártires cristãos que as mulheres eram muito atraídas pelo gnosticismo, inclusive a esposa de um de seus diáconos era adepta. Sem saber ao certo como explicar essa atração, Irineu acusava Marcos, um mestre gnóstico, de ser um sedutor diabólico que preparava afrodisíacos para enganar e perverter as mulheres e que usava palavras sedutoras para falar da Graça e da Sabedoria, elementos femininos da divindade. Marcos também as estimularia a profetizar, algo que era proibido nas igrejas de Irineu. O pior de tudo, segundo Irineu, é que Marcos permitia que as mulheres atuassem como sacerdotisas celebrando a eucaristia. Tertuliano, outro heresiólogo, também acusava as mulheres hereges de serem atrevidas pois tinham a audácia de ensinar, discutir, exorcizar, curar e talvez até batizar. Nas igrejas presididas por ele, as mulheres sequer podiam falar, quanto mais exercer atribuições masculinas exclusivas da classe sacerdotal.[85]

Na comunidade gnóstica de Marcos, todos os iniciados, independente do sexo, eram libertos do poder do *demiourgo* e reuniam-se sem a anuência do bispo Irineu, que era considerado ele mesmo um representante do Deus mau. Todos os iniciados recebiam os dons do Espírito Santo. Segundo Irineu, o culto gnóstico era realizado com atribuições mediante um prévio sorteio. Não havia hierarquia porque homens e mulheres iniciados poderiam oficiar como padres, bispos ou profetas e a prática do sorteio eliminava a participação humana na escolha. O Deus verdadeiro dirigia tudo no universo e a sorte seria a expressão da sua escolha. Tertuliano atacava os hereges por falta de disciplina e autoridade e é óbvio que eles eram uma ameaça real aos ortodoxos que vinham lutando a duras penas para estabelecer a primazia do bispo de acordo com a sucessão apostólica que professavam.

Irineu era categórico ao dizer que era preciso obedecer aos padres que estão na Igreja, sucessores legítimos dos apóstolos, porque recebem o dom da verdade. Os que se afastam da sucessão original devem ser reconhecidos como hereges, cismáticos e hipócritas, afastados da verdade. Nessa luta de quem eram os legítimos representantes da verdade do Cristo, os ortodoxos, ao final, saíram vencedores e a Igreja Católica passou a ter a configuração que tem hoje.

Atitudes tão contraditórias em relação às mulheres refletiam uma época de transição social com diversas influências culturais. O cristianismo estava em expansão e rapidamente foi espalhando-se por várias regiões de culturas e costumes diferentes. Na Grécia e Ásia Menor, as mulheres participavam de cultos, especialmente os dedicados à Ísis, ainda que as funções principais fossem masculinas. No Egito, a partir do final do século I, as mulheres tinham um estágio mais avançado de emancipação social. Podemos citar, como um exemplo posterior, Hipátia de Alexandria, neoplatonista grega e filósofa do Egito romano do séc. IV, a primeira mulher documentada como sendo matemática. Como chefe da escola platônica em Alexandria também lecionou filosofia e astronomia. Em Roma, por volta do século II, as mulheres das classes superiores queriam viver suas próprias vidas e discutiam literatura, matemática e filosofia. Elas envolviam-se em negócios e participavam ativamente da vida social, cultural ou esportiva, com ou sem os maridos.[86] No entanto, no século

II, a maioria das comunidades cristãs, infelizmente, já aceitava como canônica a epístola pseudopaulina de Paulo a Timóteo que proibia que as mulheres falassem na igreja e as obrigava a serem submissas aos maridos.

Havia, no entanto, exceções em relação ao tratamento das mulheres nas duas vertentes cristãs. Alguns textos gnósticos desprezam o feminino, principalmente em relação à maternidade. O mundo material é ruim, portanto a mulher ao dar à luz estaria colaborando com o *demiourgo* para aprisionar outras almas. No texto *O diálogo do Salvador*, Jesus teria advertido seus discípulos, entre eles Madalena, a orar onde não houvesse mulher e que as mulheres deviam parar de dar à luz. A comunhão com Deus só aconteceria quando as obras da mulher fossem destruídas, ou seja, quando elas não mais engravidassem. No entanto, a crítica não era quanto à mulher em si, mas à gravidez, o que fica explícito porque no mesmo texto Madalena é louvada como a mulher que conheceu o "Todo". Alguns creem que esses textos revelam ideias progressistas das mulheres da época que queriam participar ativamente da Igreja sem ficarem presas à maternidade e ainda apreciar o sexo não reprodutivo. No entanto, o modo de salvação explicitada no texto é justamente a negação completa de sua feminilidade, negando o sexo procriador, a concepção e o parto. Apenas se deixasse de ser mulher ela poderia se salvar, uma mensagem nada libertadora. No *Evangelho de Tomé*, Jesus diz explicitamente que Maria deveria se tornar masculina para alcançar a verdadeira *gnose*.[87]

No meio ortodoxo também havia exceções. Clemente de Alexandria, que se identificava com os ortodoxos, escrevendo por volta de 180 d. C., defendia metaforicamente que o *Logos* divino era tudo para a criança, mãe e pai, e que proporcionava às crianças o leite do amor. Ao descrever a natureza humana ele insistia que homens e mulheres partilhavam igualmente da perfeição e que deveriam receber a mesma instrução e a mesma disciplina, porque todos faziam parte da humanidade e em Cristo não há homem ou mulher. Clemente apresentou uma lista de mulheres que ele admirava, entre elas personalidades bíblicas, como Ester, poetisas, artistas e filósofas, como Themisto e a pitagórica Theano, que segundo ele progrediu tanto em filosofia quanto um homem. Infelizmente, Clemente não encontrou muitos seguidores, principalmente entre os ocidentais que preferiram adotar a postura de Tertuliano que excluiu as mulheres de qualquer função sacerdotal. Essa ideologia misógina permaneceu na Igreja por séculos, levando o Papa Paulo VI a declarar em 1977 que uma mulher não pode ser padre porque Nosso Senhor era homem.[88]

Na contra-mão do pensamento ortodoxo, encontramos nos escritos gnósticos alguns que atribuem a figuras femininas o papel de verdadeiras discípulas de Cristo e reveladoras da gnose: Salomé e Maria Madalena.

No *Evangelho dos Egípcios*, Salomé, uma das mulheres que encontrou o túmulo de Jesus vazio, segundo o *Evangelho de Marcos*, é apresentada como figura proeminente, uma das discípulas de Jesus que o interroga sobre a obtenção da *gnose*. Infelizmente o documento original nunca foi encontrado. O conhecimento dele que temos é por citações de trechos nos textos de Clemente de Alexandria do século II. Ainda que seja uma mulher a aprendiz de Jesus, o ponto de vista do texto é de que apenas a negação da maternidade seria o fator de salvação.[89]

Salomé pergunta a Jesus por quanto tempo prevalecerá a morte e Jesus responde: "enquanto as mulheres tiverem filhos". Os corpos são prisões para as centelhas divinas e por isso não devem ser reproduzidos. Salomé então conclui que fez bem em não ter filhos. Em outra parte do texto, Jesus teria dito que veio ao mundo para destruir as obras da mulher. O mundo espiritual é o verdadeiro e para que todas as almas libertem-se as mulheres não deveriam mais dar à luz. Salomé questiona quando haverá a completa libertação das almas, Jesus responde: "Quando pisoteares esses trapos constrangedores, e quando os dois se tornarem um e o macho e a fêmea já não sejam macho nem fêmea."[90] No *Evangelho de Tomé* fica claro que pisotear os trapos é abandonar o corpo material e também há, na obra, dois que se tornam um, como eram no princípio, antes da divisão em homem e mulher. O ser humano original era composto dos dois sexos indistintos.

Na visão ortodoxa, expressa na *Epístola a Timóteo*, as mulheres só seriam salvas se permanecessem submissas aos maridos e tendo filhos. A maternidade é o fator de salvação. Na visão gnóstica do *Evangelho dos Egípcios* a negação completa da maternidade é que salva. Em ambos a mulher é obrigada a realizar uma escolha forçada que independe da sua livre vontade e que a impede de exercer sua natureza completa. Causa espanto que não apenas a maternidade deveria ser suprimida para a salvação, em alguns textos, há a exigência de que a mulher se tornasse masculina primeiro.

O *Evangelho de Tomé*, um dos tratados gnósticos mais conhecidos, é uma coleção de 114 aforismos atribuídos a Jesus, sendo que alguns são bem semelhantes a passagens encontradas nos evangelhos canônicos. No final do texto, Pedro exigiu que Maria Madalena deixasse o convívio dos discípulos porque mulheres não eram dignas de viver. Jesus então respondeu:

Eu mesmo a guiarei no sentido de tornar-se masculinizada, para que ela também se torne um espírito vivo que se assemelhe a vós homens. Pois toda mulher que se masculinizar entrará no reino dos céus."[91]

A misoginia de Pedro não é exclusiva deste texto. Em outro tratado gnóstico, o *Pistis Sofia*, Pedro reclamou que Madalena falava demais monopolizando a conversa. Madalena, apesar de defender que tinha o direito de interpretar os ensinamentos de Jesus, respondeu dizendo que tinha medo de Pedro porque ele a ameaçava e detestava o gênero feminino. Até mesmo no evangelho canônico de Lucas, Pedro não acreditou quando as mulheres foram contar que Jesus havia ressuscitado porque aquilo parecia um desvario feminino (Lc 24: 11).

Muitos estudiosos debateram qual seria o real significado da expressão "masculinizar" em Tomé. O especialista em cristianismo primitivo, Bart Ehrman, tem uma explicação interessante para a questão da masculinização de Madalena visando a salvação. Segundo ele, no antigo mundo romano, macho e fêmea eram dois níveis diferentes de seres humanos. As mulheres seriam, na realidade, homens imperfeitos, assim como as crianças. O corpo masculino era o ideal humano perfeito e acima dos homens estavam os deuses. A meta do ser humano era tornar-se divino, para isso deveria subir na escala evolutiva. Sendo as mulheres seres inferiores que não tinham desenvolvido pênis, músculos, pelos faciais e engrossado a voz, era necessário às mulheres primeiro tornarem-se homens, para só depois ascenderem à divindade.[92] No *Evangelho de Tomé*, Pedro pensa como os outros homens da sua época desprezando Madalena como inferior. No entanto, Jesus a vê como alguém que tem direito à salvação, como os discípulos homens, e para isso ela precisa ascender ao mundo divino. Para que isso pudesse ocorrer, Jesus a ajudaria a primeiro tornar-se masculina para então estar apta para a libertação. Na realidade, do ponto de vista de Jesus, o conhecimento secreto que revela a *gnose* está disponível para todos os portadores da centelha divina, homens e mulheres.

Mas há outra vertente gnóstica que não exige que a mulher renegue a maternidade, nem que se torne masculina para alcançar o pleno conhecimento. Um exemplo é encontrado no *Evangelho de Maria*, texto gnóstico datado do século II, descoberto no final do século XIX e cujo manuscrito infelizmente está incompleto. Antes de entrarmos em detalhes sobre ele, é importante entendermos um pouco mais sobre Madalena e toda a polêmica que a envolve, principalmente em relação ao seu relacionamento com Jesus.

Maria Madalena tornou-se uma figura importante para o Cristianismo porque, segundo os evangelhos de Marcos (final acrescentado posteriormente),

Mateus e João, ela foi a primeira a ver Jesus ressuscitado. Os dados sobre ela nos evangelhos são escassos, conforme já comentado no capítulo anterior. O que podemos extrair das narrativas evangélicas é que ela era uma mulher da Galileia, da cidade de Magdala, que foi libertada de sete demônios, provavelmente por Jesus, que se tornou sua seguidora e auxiliava seu ministério com suas posses. Ela estava presente na crucificação, enterro e presenciou o túmulo vazio e o próprio Cristo ressuscitado. Depois ela simplesmente desapareceu de qualquer relato bíblico posterior. Mesmo os dados sobre ela nos evangelhos são poucos e controversos. Em João ela estava sozinha quando viu Jesus, em Mateus havia outra Maria com ela. Em Mateus ela abraça os pés de Jesus ressuscitado, em João ela é proibida de tocá-lo. É provável que o fato de ela ser mencionada apenas uma vez antes dos eventos relacionados à morte de Jesus e do absoluto silêncio sobre ela após a ressurreição, tenha despertado a curiosidade e sido o estímulo para o aparecimento de relatos que a envolvem em várias histórias diferentes.

A Maria Madalena real foi modificada pela combinação de um conjunto de diferentes mulheres citadas no *Novo Testamento*, algo como uma *Frankenstein* de diferentes partes de outras mulheres que, unidas, originaram a Madalena lendária. Foi o próprio Papa Gregório Magno (540 a 604 d.C) que, durante um sermão sobre a unção de Jesus, a identificou como sendo a mulher pecadora, prostituta, que ungiu Jesus em Lucas, que também era irmã de Marta e Lázaro e que teria sido exorcizada de sete demônios que eram a causa dos seus sete pecados capitais. Antes a mulher usava o óleo da unção para perfumar o corpo para o pecado e agora usava para ungir os pés de Jesus, os seus longos cabelos usados para seduzir e seus lábios pecadores agora beijavam e enxugavam os pés de Jesus em atitude de penitência e submissão. A figura de Madalena tornar-se-ia o ícone da mulher que foi transformada pela presença de Jesus, de mulher bela e lasciva, tentação para os homens, na mulher ideal, casta, humilde e submissa. Eva trouxe o pecado ao mundo, Madalena, que renunciou ao pecado, foi aquela que primeiro anunciou a boa nova da ressurreição de Cristo, que tirou o pecado do mundo.[93]

O relato é bastante conveniente em termos teológicos, mas um exame acurado das escrituras comprova que é uma interpretação equivocada, tanto que foi desmentida posteriormente. Em 1969 o Vaticano se retratou negando que Madalena fosse prostituta.[94] A lenda, porém, já havia se espalhado pela literatura, pela arte e pela memória popular.

Madalena não pode ser a mulher que ungiu Jesus em Lucas, porque esta é anônima e Madalena foi apresentada por Lucas logo em seguida como seguidora de Jesus. Se fossem a mesma pessoa, Lucas a teria identificado antes ou posteriormente. Ela não pode ser Maria, irmã de Marta e Lázaro, porque esta Maria era natural de Betânia e Maria Madalena era de Magdala. O nome é dado a elas relacionado às cidades justamente para diferenciar as várias Marias que aparecem no Evangelho. A pecadora de Lucas não é identificada como prostituta e seus demônios não são citados como causa dos pecados. Qualquer mulher que não cumprisse a lei judaica como trabalhar no sábado, por exemplo, seria chamada pecadora. A cidade de Magdala era de economia pesqueira, mas também conhecida como um centro de diversões de luxo e talvez por causa do tipo de atividade desenvolvida lá, Maria Madalena tenha sido associada à prostituição. A Madalena real, que nunca conheceremos porque nos faltam fontes fidedignas suficientes, foi transformada em um símbolo da virtude e do poder transformador de Jesus Cristo pela Igreja Católica.

Outrossim, os grupos gnósticos também se interessaram por ela e começaram a surgir vários textos que envolveram o seu nome, alguns como o *Evangelho de Tomé* e o *Diálogo do Salvador*, já citados anteriormente. Um desses textos recebeu o nome de *Evangelho de Maria* e supõe-se, baseado em vários outros textos gnósticos, tratar-se de Maria Madalena. O manuscrito que sobreviveu até os dias atuais não está completo. Faltam as primeiras seis páginas e um intervalo de quatro páginas no meio. O texto está em copta, escrita antiga egípcia, porém, acredita-se que seja uma tradução de um original em grego. Ele relata uma aparição de Jesus ressuscitado aos seus discípulos, entre eles, Maria Madalena. Jesus é citado dialogando com os discípulos sobre a natureza deste mundo e do pecado. Jesus os esclarece, faz algumas advertências e depois os deixa. É quando Madalena surge consolando-os pela tristeza da partida do mestre e do medo do futuro. Os discípulos não compreenderam a mensagem de Jesus de que o corpo físico não importa, e sim o espírito, e por isso temeram por suas vidas, mas Madalena compreendeu a verdade, ela tinha a *gnose*, por isso os consolava, dizendo que a graça de Cristo os protegeria.

Pedro diz a ela: "Irmã, sabemos que o salvador vos amou mais do que a qualquer outra mulher. Contai-nos quais foram as palavras do salvador das quais vos lembrais, que sabeis e não sabemos, porque não as ouvimos"[95] Fica claro nesta passagem que o autor, ou autora, não sabemos a autoria, acreditava que Madalena era uma discípula especial, próxima a Jesus e que conversava com ele em particular. Notem que não há qualquer menção a casamento ou contato sexual, teoria de alguns estudiosos que creem que houvesse um relacionamento marital entre eles.

Madalena passa a narrar uma descrição de uma viagem da alma às moradas celestiais onde conversa com as forças celestiais sucessivas: Trevas, Desejo, Ignorância e Ira, esta última tendo sete formas. A alma vence as etapas e é finalmente libertada.

Os discípulos não ficam satisfeitos com a narrativa. André não acredita que Jesus tivesse revelado aquilo. Pedro duvida que Jesus tenha falado em particular com ela sem o conhecimento deles e a desconfiança de Pedro revela que Jesus e Madalena não eram tão íntimos assim, afinal. A falta de compreensão da visão, pelo segmento masculino dos apóstolos, só reforça que neste texto é Madalena, a única mulher mencionada, que possui o entendimento completo da mensagem de Jesus. Madalena reage chorando e nega que esteja mentindo. É o apóstolo Levi quem a defende dizendo que, se o salvador a considerou digna e a amou mais do que a eles, não devem rejeitá-la. Pedro ainda é acusado de estar sempre zangado. Levi pede aos discípulos que sejam humildes e humanos e que saiam juntos a pregar a boa nova do Cristo. Madalena é reconhecida não só como uma verdadeira apóstola, mas como a preferida de Cristo, a única pessoa para quem Jesus revelou a *gnose* e que soube compreender sua mensagem. Nesta vertente gnóstica, a mulher pode alcançar o verdadeiro conhecimento sem negar qualquer aspecto de sua feminilidade.

Outro texto gnóstico que tem Madalena como uma das personagens principais é o *Pistis Sofia,* que significa fé e sabedoria. O manuscrito foi descoberto no século XVIII e é datado do século III. Do total de 46 perguntas que os discípulos fazem a Jesus, 39 são de Maria Madalena, o que lhe valeu a acusação de Pedro de que falava sem parar: "Meu mestre, não podemos mais aturar essa mulher que não nos dá oportunidade para falar, uma vez que fala o tempo todo" (*Pistis Sofia* 36). Maria responde: "Meu mestre, entendo que posso me manifestar a qualquer hora para interpretar o que *Pistis Sofia* diz, mas tenho medo de Pedro, porque ele me ameaça e detesta nosso gênero". Jesus encerra o debate dizendo: "Qualquer pessoa que esteja cheia do espírito da luz dê um passo à frente para interpretar o que digo: ninguém poderá se opor a ela." Não resta dúvida, neste caso, que mulheres e homens com conhecimento são absolutamente iguais entre si.[96]

Jesus reconhece, mais de uma vez, a superioridade do conhecimento de Madalena em trechos como:

> E Jesus compassivo respondeu à Maria: Maria, bendita és, a quem aperfeiçoei em todos os mistérios do alto, fala abertamente porque o teu coração

é elevado ao Reino dos Céus, mais do que a todos os teus semelhantes.; (...) Bendita és entre todas as mulheres da Terra porque serás a plenitude de todas as plenitudes e a perfeição de todas as perfeições. [97]

Curiosamente, em *Pistis Sofia,* aparecem outras mulheres no rol de discípulas de Jesus além de Madalena, a gnóstica completa: Marta, Salomé e Maria mãe de Jesus.

O texto gnóstico da biblioteca de *Nag Hammadi* que mais causou polêmica quanto ao possível relacionamento íntimo entre Jesus e Madalena é o *Evangelho de Felipe,* que foi citado como fonte para comprovar o casamento dos dois no *best seller* de Dan Brown, *O código Da Vinci.*[98]

O *Evangelho de Felipe* é de difícil interpretação e consiste em reflexões sobre a natureza da realidade e do ser humano com muitas parábolas complexas, metáforas e aforismos sem uma sequência cronológica perceptível. Duas afirmações envolvem Madalena. A primeira diz:

Havia três (mulheres) que sempre acompanhavam o Senhor: Maria sua mãe e sua irmã, e Madalena, aquela que era chamada sua companheira. Sua mãe, sua irmã e sua companheira se chamavam Maria."[99]

A outra passagem, a mais polêmica, foi danificada por buracos no manuscrito e diz o seguinte: "E a companheira do (buraco) Maria Madalena. (buraco) mais que (buraco) os discípulos (buraco) beijá-la (buraco) na (buraco)."[100] Parece que a passagem diz que Jesus amava Maria mais do que os outros, o que confere com o *Pistis Sofia,* e que costumava beijá-la não se sabe onde. Presumiu-se que fosse na boca, o que levou a uma interpretação erótica da passagem.

De modo algum o trecho citado logo acima ou o anterior podem ser utilizados como prova de que Jesus era casado ou tinha relações sexuais com Madalena. Em relação à Madalena ser companheira de Jesus, a palavra copta utilizada no manuscrito é um empréstimo de uma palavra grega *koinónos* e não significa esposa. Normalmente é utilizada como amiga ou colega. Provavelmente, o termo foi utilizado para diferenciar a condição dela de amiga com as outras duas citadas, que eram parentes de Jesus.

Em relação ao beijo, ainda que Madalena fosse próxima de Jesus, não há provas que ele a beijasse na boca e muito menos que o significado fosse necessariamente erótico. O beijo fraternal, trocado entre os seguidores de Jesus, era comum, haja visto que Judas traiu Jesus com um beijo e o gesto não foi visto como incomum ou obsceno. Outros textos, como a descrição da liturgia feita por São Justino Mártir (Primeira Apologia 65) no século II, demonstram que o beijo da paz era comum nas celebrações cristãs primitivas : "Quando completamos as orações saudamos uns aos outros com um beijo"[101] (...). O próprio texto do *Evangelho de Felipe* tem um trecho que dá um significado bem diferente ao beijo:

É de receber a promessa do lugar nos céus que o homem recebe nutrição. (buraco)-lo da boca. E se a palavra tivesse saído do lugar nos céus seria nutrida da boca e se tornaria perfeita. Pois é por um beijo que os perfeitos concebem e dão à luz. Por esse motivo nos beijamos uns aos outros. Recebemos a concepção da graça que está no outro.[102]

O sentido de todo o texto é extremamente metafórico, não é possível fazer uma interpretação literal dele. O mais provável é que quando Jesus beija Maria, não se trate de sexo e sim da transmissão da revelação da *gnose*, que ele transmitiu não só a ela, mas aos outros discípulos, incluindo sua própria mãe.

Provavelmente, a insinuação de casamento de Jesus e Madalena deve ter surgido da interpretação literal da "câmara nupcial", que é citada no evangelho. Analisemos alguns trechos:

Se a mulher não se houvesse separado do homem, não teria morrido com ele. Sua separação tornou-se o começo da morte. Por isso veio Cristo, para anular a separação que existia desde o princípio, para unir a ambos e para dar a vida àqueles que haviam morrido na separação e uni-los de novo.[103]

O trecho fala do mito da criação e interpreta o primeiro ser humano como feito igualmente de partes femininas e masculinas. Quando eles foram separados, ou seja, quando ganharam um corpo material, isso foi o início da sua mortalidade.

(...) o Pai do Todo se uniu com a virgem que havia descido e um fogo o iluminou naquele dia. Ele deu a conhecer a grande câmara nupcial, e por isso seu corpo — que teve origem naquele dia — saiu da câmara nupcial como quem tivesse sido engendrado pelo esposo e a esposa. E também, graças a estes, encaminhou Jesus o Todo a ela, sendo preciso que todos e cada um dos seus discípulos entrem em seu lugar de repouso.[104]

O trecho parece falar da concepção virginal de Jesus, e é claramente metafórico. Se fizermos uma interpretação literal do texto, Jesus teria que se unir sexualmente na câmara com todos os discípulos.

Vejamos ainda mais um trecho esclarecedor:

Estes são do lugar onde se encontram os filhos da câmara nupcial. A união é constituída neste mundo por homem e mulher, sede da força e da debilidade; no outro mundo a forma de união é muito diferente.(...) E se o matrimônio da poluição permanece oculto, tanto mais constituirá verdadeiro mistério o casamento impoluto. Este não é carnal, mas puro; não pertence à paixão, mas à vontade; não pertence às trevas ou à noite, mas ao dia e à luz. (...) Se alguém se faz filho da câmara nupcial, receberá a luz.[105]

Fica claro nestes trechos que a união da câmara nupcial não é carnal, é impoluta, porque é feita pelos filhos da luz, aqueles que, como Madalena e os discípulos, receberam a revelação da verdade e tornaram-se filhos da luz. Em um trecho do *Pistis Sofia,* Madalena é chamada por Jesus de bendita porque herdará todo o Reino da Luz. Se houve qualquer envolvimento sexual ou mesmo casamento entre Jesus e Madalena, nenhum dos textos gnósticos analisados até o momento servem como prova, no máximo evidência, se forem analisados fora do contexto e de maneira literal.

A pesquisadora Karen King descobriu, em 2012, um pequeno fragmento de texto escrito em copta que parece datar do século IV d.C. Nele estava escrito que Jesus tinha uma esposa. Madalena não é mencionada e, por ser muito pequeno, não há como obter maiores detalhes de quem seria e em que circunstância ocorreu este casamento. Talvez fosse um casamento do tipo metafórico como o da câmara nupcial. Não temos como saber somente com essa pequena evidência.

Digamos que o casamento de Jesus com Madalena é plausível porque não há provas contrárias incontestáveis, porém, é considerado extremamente improvável pela maioria dos estudiosos que analisaram criteriosamente as evidências coletadas até os dias de hoje. A ideia de relacionamento marital entre Madalena e Jesus só foi desenvolvida a partir da junção dos documentos apócrifos, que contém um acentuado teor teológico e mítico, com lendas escritas na Idade Média, ou seja, séculos depois, como *A lenda áurea*. Todas essas histórias fantasiosas foram tecidas com textos antigos de historicidade contestável e tudo acabou se transformando em Madalena, esposa de Cristo que teve uma filha com ele, que se tornaria a herdeira da nobreza francesa. Muito interessante e conveniente, mas é pouco provável que a história seja verdadeira. Lembremos que Madalena nunca foi citada como esposa de Jesus, nem nos evangelhos canônicos, nem em qualquer um dos apócrifos, muito menos o nome dela aparece nos outros livros do *Novo Testamento*. Os primeiros apologistas cristãos que escreveram centenas de textos defendendo a igreja dos ataques dos pagãos e os heresiólogos que criticavam os variados tipos de heresias nunca escreveram sequer uma frase negando ou afirmando que Jesus fosse casado, muito menos com Madalena. Textos gnósticos em que ela aparece são citados por heresiólogos como mentirosos e heréticos, mas nunca fizeram a defesa de qualquer acusação de matrimônio ou possível relacionamento sexual. Por exemplo, um texto chamado *Agrapha* ou *Ditos de Cristo*, transcrito pelos Padres da Igreja, cita Madalena de uma forma interessante e bem diversa dos gnósticos, conforme transcrito por Helena Barbas no livro *Madalena: história e mito*:

Esqueceram-se, irmãos, quando o mestre pediu pelo pão e pelo cálice e os abençoou dizendo: Isto é o meu corpo e o meu sangue, que ele não permitiu a estas mulheres que ficassem conosco? Marta disse: foi por causa de Maria, porque a viu sorrir. Maria disse: não tinha rido.[106]

Os padres afastaram Maria da última ceia, mas não por ela ser esposa de Jesus. O texto foi utilizado para justificar que as mulheres não deveriam participar da celebração eucarística.

Um exame mais acurado dos textos mais antigos, sejam ortodoxos ou heréticos, revela que, apesar de trazerem visões completamente díspares sobre Jesus e sobre Maria Madalena, não há evidências que comprovem que eles foram casados. Nenhum evangelho diz que Maria foi casada. Os autores modernos uniram trechos isolados para criar uma história secreta e fascinante que apesar de plausível, não pode ser considerada verdadeira. Madalena foi uma figura importante, a primeira a ver túmulo vazio, primeira apóstola a revelar a ressurreição de Jesus. A ressurreição foi pregada a partir dessa descoberta. Se ela não tivesse ido ungir o corpo não teriam certeza que Jesus ressuscitou. Paulo fala da ressurreição, mas não cita o túmulo vazio. As pessoas poderiam pensar, e muitos considerados hereges pensaram, que Jesus não tinha ressuscitado em corpo físico, mas apenas em espírito, ou talvez fosse apenas uma aparição, um fantasma, ou ilusão. A descoberta do túmulo vazio foi a prova em que se baseou toda a ortodoxia e por isso Madalena adquiriu tamanha importância. Era óbvio que as pessoas iriam escrever histórias sobre ela.

É historicamente preciso afirmar que Jesus tinha seguidoras e Madalena parece ter sido uma delas, pelo menos, em vida. Para os ortodoxos, Madalena era só mais uma, para alguns grupos gnósticos ela era especial, mas para nenhum ela era a esposa, no máximo, companheira e confidente. A crença na união marital entre Jesus e Madalena foi uma criação muito posterior.

Não podemos esquecer que os textos que temos preservados, tanto os apócrifos, quanto os canônicos, não podem ser considerados historicamente precisos e nem foram escritos com esta finalidade. Todos são relatos que querem comprovar questões teológicas. Não exprimem exatamente o que Jesus ou Madalena disseram, mas o que queriam provar de acordo com as ideias de cada grupo. Muitos relatos bíblicos são assim. Basta ver as diferenças existentes entre as narrativas da morte e ressurreição de Cristo nos evangelhos. A interpretação das escrituras também é feita conforme o interesse. Podemos utilizar trechos para defender ou condenar a escravidão, por exemplo. A Bíblia não é livro histórico. É importante e tem que ser compreendida como livro religioso.

Cada religião cristã diferente que existe hoje, assim como os vários cristianismos primitivos que já existiram, interpretou os relatos bíblicos conforme suas crenças e ritos. Todas as religiões, sem exceção, fazem esse tipo de interpretação teológica de seus livros sagrados. A ciência, muitas vezes, também é assim. Faz-se o experimento já antecipando o resultado. Foi assim que muitos achados arqueológicos foram utilizados para comprovar a veracidade da Bíblia. Partia-se dela, já esperando encontrar a prova.

Precisamos de respostas e procuramos onde nos convém. Isso não é errado. O perigo ocorre quando apenas uma das interpretações é considerada certa e todas as outras tachadas de erradas e mentirosas, gerando opressão, perseguição, fundamentalismo e violência, como foi o caso da inquisição, das cruzadas, do massacre de São Bartolomeu, entre tantas outras guerras religiosas e conflitos de interesse envolvendo diferentes interpretações das religiões. É imprescindível que a questão religiosa seja uma decisão íntima e pessoal.

Somos humanos imperfeitos tentando compreender os mistérios da vida. Ainda nos chocamos com a morte, lutamos contra a velhice e a doença. Não nos conformamos com nossa efemeridade. Por isso, muitos buscam o consolo na religião, no mundo espiritual. Uma crença que consola, mas não escraviza a dogmas pode ser positiva. Não dá para ter certeza de tudo, para essas coisas existe a fé ou a espera de um dia encontrar explicação. No entanto, para todas as outras existe o conhecimento humano, o bom senso e a tolerância, que devem ser utilizados sem moderação, sempre.

Além dos gnósticos, havia muitos outros grupos com crenças diversas que também foram consideradas heréticas pelos ortodoxos e que possuíam vários textos que não foram considerados inspirados por Deus e, portanto, taxados de apócrifos. Em vários deles, outra Maria também foi muito citada em relatos bastante controvertidos e muitas vezes surreais. Trata-se de Maria, a mãe de Jesus.

O principal texto apócrifo que trata sobre Maria é o *Protoevangelho de Tiago*. Citado pelo teólogo católico Orígenes, no início do século III d.C., é datado de meados ao fim do século II d.C. e foi muito popular na Idade Média, influenciando a arte, a imaginação popular e os dogmas católicos marianos. É chamado de protoevangelho porque aborda assuntos anteriores à vida de Cristo e teve autoria atribuída à Tiago, que seria meio irmão de Jesus, filho de José. Contém relatos milagrosos que exaltam Maria como uma predestinada celeste a ser a Santa Virgem, mãe do Cristo Salvador.

O texto explica que a mãe de Maria, Ana, era estéril e seu pai Joaquim era muito rico e estava profundamente abalado por ser o único de seu povoado que não possuía descendentes. Enquanto Ana lamentava a desgraça de sua esterilidade, ela recebeu a visita de um anjo que revelou que ela daria à luz uma criança que seria muito conhecida em todo o mundo. Feliz, ela prometeu que o bebê seria consagrado ao templo para servir ao Senhor Deus. A menina que nasceu foi chamada Maria e desde pequena já demonstrava ser especial. Andou aos seis meses e foi tocada apenas por donzelas hebreias virgens. Quando completou três anos, foi entregue pelos pais no templo, aos cuidados do sacerdote, onde era alimentada, exclusivamente, pelas mãos de um anjo.

O protoevangelho não menciona mais Ana e Joaquim, que têm seu destino ignorado.

Ao completar doze anos, a menina, ao menstruar, tornaria impuro o santuário, então foi providenciado que ela fosse encaminhada para a casa de seu noivo. A escolha do futuro marido foi orientada por um anjo. Todos os viúvos do povoado deveriam ser reunidos e cada um traria um bastão. Um sinal de Deus revelaria o escolhido. Do bastão de José saiu uma pomba e foi ele o escolhido. No entanto, José ponderou que já tinha filhos e que era velho e que a esposa menina seria causa de zombaria para ele. Sem escolha, acolheu a menina. Até agora, o relato é bastante conveniente, porque explica a pureza de Maria e seu nascimento imaculado e sobrenatural, além de justificar o fato de haver, no *Novo Testamento,* menção a irmãos de Jesus.

Um dia, quando Maria saiu para buscar água no poço, ela recebeu a visita de um anjo que explicou que ela conceberia pela virtude de Deus, que seu filho seria chamado Filho do Altíssimo e seu nome seria Jesus. Maria aceitou a incumbência. Ela tinha dezesseis anos.

Após passar uma temporada na casa de Isabel, Maria retornou para o lar de seu noivo, José, com sinais visíveis da sua gravidez. José a acusou de ter estado com outro homem e Maria se defendeu dizendo ser ainda donzela e nunca ter conhecido varão. José perguntou de onde vinha o filho que ela carregava e ela respondeu: "Pelo Senhor, meu Deus, eu juro que não sei"[107]. Mais uma vez, um anjo apareceu para revelar a José que Maria carregava um filho, fruto do Espírito Santo, que seria o salvador dos pecados do povo.

Apesar de José ser convencido, o sacerdote Anás, quando descobriu a gravidez, ordenou uma investigação. Ambos teriam que passar pela prova da água do Senhor, que ao ser bebida revelaria a mentira. Ambos passaram pela prova e o sacerdote e o povo local foram convencidos da causa miraculosa da gravidez de Maria.

A gravidez transcorreu bem até que o imperador decretou o censo. Durante a viagem para Belém, Maria deu à luz sozinha em uma caverna, enquanto José procurava uma parteira hebreia. O momento do nascimento de Jesus fez literalmente que o tempo parasse. Encontrando a parteira, esta duvidou da concepção e parto virginal. Ao chegarem à gruta, uma nuvem luminosa saiu de dentro acompanhada de uma luz intensa. Quando a luz diminuiu o menino já estava mamando em sua mãe. A parteira admirou-se com o nascimento milagroso, mas a sua amiga Salomé não acreditou senão depois de fazer um toque ginecológico a fim de comprovar o parto virginal. Ao introduzir o dedo, sua mão foi carbonizada. Pedindo misericórdia por ter duvidado, Salomé implorou pela cura de sua mão, que foi realizada ao tocar o bebê Jesus, sendo este o seu primeiro milagre.

A narrativa continua com a visita dos magos do Oriente e termina com a matança dos bebês judeus e a fuga da família para proteger o menino Jesus.

Outros apócrifos contam a sequência da família em fuga para o Egito, como o *Evangelho pseudo-Mateus,* que contém vários milagres de Jesus ainda criança, como subjugar dragões e feras selvagens e ordenar que uma árvore se curve para dar frutos para Maria comer. Um relato de uma árvore se curvando para Maria, pela ação do bebê Jesus, também é encontrado no *Corão,* o livro sagrado do Islã. O *Evangelho pseudo-Tomé* apresenta um menino Jesus rebelde que ainda não aprendeu a controlar seus dons milagrosos e cria muitos problemas para José e Maria. Nos três textos, os supostos irmãos de Jesus, filhos de José, desaparecem dos relatos, subsistindo apenas a assinatura por Tiago, no protoevangelho.

Vários textos apócrifos foram produzidos para comprovar a virgindade de Maria e, apesar de não terem sido considerados inspirados, foram amplamente utilizados para ilustrar e justificar os dogmas marianos católicos da concepção e parto virginal, da sua concepção imaculada, ou seja, Maria não foi portadora de nenhum pecado, nem mesmo o original. Como consequência da ausência de pecado, Maria não merecia morrer, o que deu origem ao dogma da assunção, com seu corpo ainda vivo sendo elevado aos céus. No entanto, a construção destes dogmas foi um processo lento e cheio de controvérsias.

Quanto à virgindade de Maria, historicamente, não é possível comprovar que durante a época em que Jesus era vivo já se acreditava nisso. Os evangelhos foram escritos décadas depois. O *Evangelho de Mateus* relaciona a virgindade de Maria a uma profecia de Isaías que dizia que uma virgem daria à luz a um salvador. Alguns estudiosos creem que a concepção virginal foi criada para que Jesus se adequasse ao Messias esperado por Israel. De qualquer forma, já no primeiro século, alguns textos canônicos continham a ideia da concepção virginal.

Nem todos os cristãos aceitavam que Maria teria concebido pelo Espírito Santo. Um grupo de cristãos judeus chamado de *ebionitas* cria ser Jesus filho natural de Maria e José e sendo um homem justo, Jesus teria sido ungido por Deus como Messias durante seu batismo, recebendo então a filiação divina. Outros grupos heréticos, conhecidos como *adocionistas,* também sustentavam que Jesus era puro homem, nascido naturalmente, exaltado por Deus como seu filho após o batismo ou após a crucificação.

O primeiro Concílio Ecumênico da Igreja, realizado em Niceia, para definir questões relativas à pessoa de Jesus e uniformizar o credo católico, não mencionou a questão da virgindade de Maria, tendo o credo inicial preconizado que Jesus era Deus, filho unigênito do Pai, da mesma substância, gerado, não criado e que havia descido do céu, encarnado e se feito homem. A expressão "nasceu da virgem Maria" foi incluída posteriormente e aparece no credo nicenoconstantinopolitano vigente até os dias atuais.[108]

Outra controvérsia sobre Maria foi iniciada por Nestório, patriarca de Constantinopla, que entendia que Jesus tinha duas naturezas, uma humana e outra divina. Maria seria a mãe do Jesus humano e não do Jesus divino, ela não deveria ser chamada Mãe de Deus, título atribuído pelos pagãos às deusas mães como Cibele e Ísis, mãe do deus Hórus. A controvérsia foi resolvida pelo Concílio de Éfeso, realizado em 431 d.C. Por votação dos bispos presentes, declarou-se que Maria era a verdadeira mãe de Deus, mas segundo a carne. Jesus seria uma pessoa humana e divina ao mesmo tempo. O título Mãe de Deus foi outorgado a ela e a figura icônica de Ísis com seu filho Hórus no colo, amplamente difundida no Império Romano, foi modificada para representar Maria e o menino Jesus. Quando se diz que Maria é mãe, afirma-se a humanidade de Cristo, e quando se diz virgem, afirma-se a divindade de Jesus.

Com o tempo foi sendo criado o dogma da virgindade perpétua. O segundo Concílio de Constantinopla, realizado em 553 d.C., já falava na sempre virgem Maria. O sínodo de Latrão, do ano de 649 d.C., transformou a virgindade perpétua de Maria em dogma. Maria teria sido virgem antes, durante e após o parto. Santo Agostinho, Orígenes e outros teólogos entendiam que um corpo que recebeu o Verbo de Deus teria que ser imaculado e puro sempre e não poderia ser manchado pela relação sexual. Para o teólogo Jerônimo, do século IV d.C, tanto Maria como José teriam sido celibatários, dando margem à interpretação de que os irmãos de Jesus seriam, na realidade, primos, designação parental que não aparece no texto bíblico.[109]

A virgindade de Maria garante a filiação divina de Jesus e a explicação do parto virginal é dada como milagre, porque nada é impossível para Deus. Assim como o brilho do Sol entra e sai por uma vidraça sem quebrá-la, Jesus teria, da mesma forma, entrado e saído do ventre da virgem mantendo-a intocada. Ainda assim, há teólogos atuais, como Leonardo Boff, que entendem que o parto virginal é simbólico.[110]

Outros textos apócrifos trazem Maria em outras situações que não a da virgem incorrupta que pariu o Salvador. O *Pistis Sofia*, apresenta Maria como seguidora de Jesus e conhecedora da *gnose*. Jesus afirma que de Maria veio o corpo material que ele havia purificado e refinado e que ela também houvera recebido a semelhança com a Virgem da Luz e por isso seria capaz de interpretar seus ensinamentos. No texto apócrifo, Maria passou a contar uma história de Jesus quando criança. Ele e José estavam em um vinhedo quando um espírito semelhante a Jesus surgiu perguntando por ele e se dizendo seu irmão. Maria pensou que era um fantasma e o amarrou aos pés da cama. Maria correu ao vinhedo e contou o acontecido a Jesus que, imediatamente, soube quem era o suposto fantasma. Chegando à casa, Maria e José viram que os dois eram idênticos. Quando solto, o espírito abraçou Jesus e o beijou e então tornaram-se um só. Esse teria sido o encontro da Verdade e da Graça, que proporcionaria aos homens herdarem o Reino da Luz. Mais uma vez encontramos em um texto gnóstico o beijo como uma comunhão de união espiritual e não carnal ou erótica.

Outro apócrifo aborda a morte de Maria, o *Passagem da bem aventurada Maria*, cuja autoria atribuída a José de Arimateia é desmentida pela Igreja Católica.[111] O dogma mariano da assunção ao céu com seu corpo ainda vivo, exclusivo da Igreja Católica Apostólica Romana, é desmentido pelo texto apócrifo.

Segundo o texto, Maria teria pedido a Jesus que a avisasse com antecedência sobre o momento de sua própria morte e que estivesse presente para levá-la na companhia de anjos. Dois anos após a ascensão de Jesus, um anjo veio informá-la que em três dias ela morreria. Ela mandou chamar José de Arimateia e os outros discípulos para acompanhá-la em seus momentos finais. No dia da sua morte ocorreram trovoadas e relâmpagos, chuvas e terremotos. O apóstolo João foi milagrosamente transportado de Éfeso e ao entrar no quarto de Maria recebeu dela uma reprimenda por não ter cuidado dela como Jesus queria. Os outros discípulos, com exceção de Tomé, chegaram em uma nuvem sem que nenhum deles soubesse porque tinham sido levados à Jerusalém. Maria esclareceu que era para acompanhar a sua morte.

No domingo, Cristo apareceu cercado de anjos e recebeu a alma de sua mãe, que foi levada por ele para o céu. Mas Satã entrou no aposento para queimar o cadáver e matar os apóstolos. No entanto, um grande brilho cegou os demônios e aproveitando-se do ocorrido, os discípulos levaram o corpo para o vale de Josafá. No caminho, um judeu chamado Rúben tentou jogar o corpo no chão, mas suas mãos ficaram secas imediatamente e só foram curadas pela sua promessa de conversão e batismo. Após todos estes percalços, o cadáver de Maria foi devidamente sepultado.

Tomé, que havia sido transportado com atraso, viu o corpo de Maria se elevando aos céus e recebeu em suas mãos, caída do céu, a faixa que havia sido enrolada no cadáver de Maria. Tomé quis ver o corpo sepultado e quando foram ao local ele havia desaparecido. Ele mostrou a faixa que estivera envolvendo o cadáver e que caíra do céu, comprovando que o corpo dela também tinha sido levado. O texto encerra-se com a afirmação de que não há nenhuma razão para duvidar dos acontecimentos nele narrados porque Jesus entrou e saiu de uma virgem, penetrou com portas fechadas no local onde se reuniam os apóstolos, curou surdos e cegos e ressuscitou dos mortos. Realmente, a lista dos milagres é grande, e se para Deus tudo é possível...

Textos apócrifos podiam auxiliar as crenças dos ortodoxos, como no caso do *Protoevangelho de Tiago,* que confirma a virgindade de Maria, ou dificultar a interpretação católica, por exemplo, de que mulheres não poderiam interpretar os ensinamentos de Jesus, como o *Pistis Sofia,* que atribui à Maria o conhecimento e a interpretação dos ditos de Jesus.

Um texto muito popular na Antiguidade e Idade Média provocou muitos problemas para os ortodoxos. Ele relata as aventuras de Tecla, discípula de Paulo, reverenciada até os dias de hoje como santa, sendo considerada padroeira da Espanha. O *Atos de Tecla* foi tão popular que em algumas partes do mundo católico o culto à Tecla competiu com o culto mariano.[112]

As histórias de Tecla circularam por muito tempo em tradições orais que foram reunidas por um presbítero, na Ásia, em um texto maior conhecido como *Atos de Paulo.* Tertuliano, que proibia que mulheres batizassem, criticava o texto por endossar a prática das mulheres ensinarem e batizarem na fé cristã.

A história de Tecla começa com a moça ouvindo as pregações de Paulo sobre o celibato e a abençoada vida de castidade. Tecla fica deslumbrada com a mensagem e desiste de casar com seu noivo Tamíris, que enraivecido apela para o governador da cidade de Icônio. Outros homens casados também se queixam e Paulo é preso. Tecla suborna os carcereiros para entrar na cela e continuar ouvindo a pregação de Paulo. Ambos são julgados. Paulo é açoitado e exilado da cidade, mas a mãe de Tecla implora que a filha seja queimada viva para servir de exemplo. Tecla é amarrada em um poste, mas as chamas milagrosamente não a consomem. Deus envia uma tempestade que apaga o fogo e Tecla é salva.

Tecla encontra Paulo e pede para ser batizada, mas Paulo não concorda porque acha que ela ainda iria encontrar um noivo. Ambos seguem viagem até Antioquia onde Alexandre, um homem importante e influente na cidade, tenta comprar Tecla de Paulo, mas este diz que não a conhece. Alexandre tenta estuprar Tecla, que reage rasgando o manto dele e derrubando a sua coroa. Sentindo-se humilhado pela mulher, Alexandre leva Tecla ao tribunal e ela é condenada a ser devorada por feras selvagens no circo.

Uma aristocrata chamada Trifena tenta proteger Tecla, mas a garota é levada à arena das feras. Uma leoa, ao invés de comê-la, passa a protegê-la das outras feras. As mulheres da plateia gritam contra a sentença de morte. Depois que a leoa morre e prevendo que sua morte era inevitável, Tecla se atira em um tanque de focas comedoras de gente e se auto batiza proclamando: "Em nome de Jesus Cristo, neste dia final eu sou batizada"[113]

Deus salva Tecla novamente enviando um raio que atinge o tanque e mata todas as focas, deixando a moça ilesa. Tecla é finalmente libertada e, disfarçada de homem, procura Paulo que a incumbe da missão de ensinar a palavra de Deus.

No século V d.C., o imperador romano Zeno teve um sonho profético com Tecla e ergueu uma igreja em homenagem à ela na cidade de Selêucia. A devoção à Tecla espalhou-se da Turquia para o Egito, Síria e Roma.

O culto à Tecla foi considerado perigoso pelos ortodoxos por causa do protagonismo feminino. Apesar das relações entre gêneros não serem tão claras, visto que Paulo, um homem, era retratado como um apóstolo de Deus e a mãe de Tecla, uma mulher, exigiu a morte da própria filha, o que vemos na maior parte do texto é o embate entre a dignidade feminina e a truculência masculina. Paulo nega conhecer Tecla deixando-a exposta ao estuprador Alexandre, que condena Tecla à morte por não se submeter ao estupro. As mulheres, por outro lado, demonstram serem dignas: Tecla é a heroína da história, Trifena tenta defendê-la da força masculina, as mulheres de Antioquia gritam por justiça e entre as feras selvagens é uma leoa que defende e protege Tecla. Apesar da proibição, Tecla conquista o direito de batizar e de pregar a mensagem de Jesus.

Pela ligação de Tecla com Paulo, pelo texto ter sido escrito baseado em tradições antigas e pelo protagonismo feminino evidente da trama, alguns estudiosos questionam se as histórias de Tecla foram o motivo que levou o autor de *1 Timóteo* a compor a carta em nome de Paulo. A carta "prevê" que haverá pessoas que condenarão o casamento (1Tm 4: 3) e critica as mulheres que, segundo ele:

Aprendem a viver ociosas, correndo de casa em casa; não somente elas são desocupadas, mas também bisbilhoteiras, indiscretas, falando o que não devem. Desejo pois que as jovens viúvas se casem, criem filhos, dirijam sua casa e não deem ao adversário nenhuma ocasião de maledicência. Porque já existem algumas que se transviaram, seguindo Satanás (1Tm 5:13 - 16).

Visão completamente oposta a dos *Atos de Tecla* que ensina as mulheres a deixar suas famílias, a não se casar, nem ter filhos. Para o Paulo dos *Atos de Tecla*, "abençoados os corpos das vírgens, pois estas agradarão a Deus"[114.] Possivelmente, as histórias de Tecla e outras semelhantes foram o motivo que levaram o autor de *1 Timóteo*, que não é Paulo, a escrever a carta em nome dele.

Outros grupos heréticos criaram muitos problemas aos ortodoxos em relação à participação feminina. Um deles, conhecido por montanistas, foi causa de atrito e de severas reações pelos heresiólogos ortodoxos.

O movimento montanista foi fundado por Montano, nascido em meados do século II d.C., na Ásia Menor, ex-sacerdote do deus Apolo, convertido ao cristianismo. As informações sobre ele e seu movimento são conhecidas pelos escritos de seus detratores Eusébio de Cesareia e Epifânio. Montano teria escrito várias obras, mas nenhuma sobreviveu.

O montanismo foi um movimento profético milenarista, inspirado por revelações espirituais com previsões de um fim próximo. Montano afirmava ser a encarnação do Espírito Santo e por isso recebia profecias direto de Deus. Montano tinha duas profetizas-sacerdotisas como companheiras: Maximila e Priscila. Alguns autores argumentam que o costume de ter mulheres como sacerdotisas viria da tradição do deus Apolo, do qual Montano foi sacerdote e que possuía mulheres no sacerdócio.

As profecias montanistas indicavam que o fim do mundo como conhecemos estava próximo e que as pessoas precisavam estar preparadas para o retorno de Cristo. Ele fundaria um reino de paz e harmonia com seus eleitos que duraria mil anos. Uma nova Jerusalém seria fundada, não no local da Jerusalém atual, mas longe da descrença dos judeus, na cidade de Pepuza na Ásia Menor.[115] Essa esperança escatológica na parusia, ou seja, a intervenção de Deus no mundo com o retorno de Cristo, era representada na profecia de Maximila, que afirmava que depois dela não haveria mais profecia, só o fim.

A preparação para o fim dos tempos exigia dos seguidores disciplinas muito rígidas como por exemplo: um viúvo não poderia casar novamente, mulheres não podiam usar quaisquer adornos, jejuns severos e incitação ao martírio pela fé. Para Montano, após o batismo não haveria novo perdão aos pecados.

Como Montano falava em nome do Espírito Santo, ele contestava a autoridade dos bispos e das escrituras, o que criou para ele um enorme embaraço. Apesar do combate dos ortodoxos, o movimento montanista cresceu e atraiu muitos adeptos sendo o mais famosos deles Tertuliano, que, de caçador de heresias, tornou-se ele próprio um herege. Até o século VII d.C. ainda havia montanistas, apesar das expectativas escatológicas não se cumprirem.

Desde o início do cristianismo houve ideias apocalípticas escatológicas, ou seja, expectativa do fim dos tempos proveniente de uma revelação divina.

O próprio Paulo aguardava o fim dos tempos para quando ainda fosse vivo. Quando o *Templo de Jerusalém* foi destruído pelos romanos no ano 70, os cristãos pensaram que seria o fim dos tempos. O *Apocalipse de João*, livro repleto de profecias escatológicas, apesar de controverso, entrou para o canône bíblico e até hoje os cristãos aguardam a parusia, a volta de Jesus para o julgamento final, que proporcionará aos eleitos um reino sem fim de perfeição.

O fim previsto por Montano e suas profecias não aconteceu e o fracasso despertou a consciência dos problemas do movimento carismático, característico do cristianismo primitivo e baseado nas revelações do Espírito Santo. Como afirmar que Deus falou pelos profetas se as suas profecias não se concretizaram? O que deveria ser feito caso um ortodoxo revelasse uma profecia que estivesse em desacordo com outra? Os gnósticos afirmavam que possuíam um conhecimento secreto, fruto de revelações por vezes do próprio Cristo, mas suas crenças eram diferentes das crenças ortodoxas. Para resolver todas essas questões, os movimentos proféticos e carismáticos foram aos poucos sendo marginalizados e excluídos e a autoridade das escrituras foi cada vez mais defendida, sendo os bispos, detentores da herança apostólica, os únicos intérpretes autorizados. O triunfo do cristianismo ortodoxo era inevitável.

Dos conflitos surgidos entre as várias vertentes cristãs presentes nos três primeiros séculos da nossa era, emergiu a que foi denominada ortodoxia, que viria a ser a interpretação dominante adotada pelo Império Romano no século IV d.C., transformada em Igreja Católica Apostólica Romana, que manteria sua hegemonia até a Reforma Protestante no século XV d.C.

Durante séculos, foram os vencedores ortodoxos que escreveram a história da Igreja cristã a seu modo. As doutrinas diferentes foram consideradas heréticas, perseguidas e seus escritos foram destruídos. O ponto de vista da vertente dominante foi o oficial e por muito tempo ninguém ousou contestá-lo, mesmo porque poucos conheciam outra versão. O surgimento do Humanismo e Iluminismo, o fortalecimento dos Estados Nacionais, a perda da influência católica, o surgimento dos movimentos reformistas, novas descobertas científicas aliadas a achados arqueológicos de documentos que provavam que outrora houvera cristianismos muito diferentes daquele que conhecíamos até então, foram as causas da mudança da perspectiva de grande parte da população em relação a como compreender as religiões. Mas como seria se outra vertente cristã, que não a ortodoxa, tivesse vencido?

Do ponto de vista histórico, a crença ebionita parece ser a mais próxima dos discípulos originais: judeus de fala aramaica que obedeciam a lei judaica e que passaram a acreditar que Jesus era o Messias. As ideias adocionistas de que

Jesus era um homem justo que foi exaltado por Deus e feito seu filho pela ressurreição encontra paralelo nos discursos dos discípulos em *Atos dos Apóstolos,* como no discurso de Pedro no Pentecostes quando diz:

A este Jesus, Deus o ressuscitou, e disto nós somos testemunhas. Portanto, exaltado pela direita de Deus, ele recebeu do Pai o Espírito Santo prometido e o derramou, e é isto que vedes e ouvis (At 2: 32 – 34). (...) Saiba, portanto, com certeza, toda a casa de Israel: Deus o constituiu Senhor e Cristo, este Jesus a quem vós crucificastes. (At 2: 36).

A revelação divina pelo Espírito Santo, manifesta no Pentecostes, também foi contestada, como no caso dos montanistas e seu mais famoso seguidor, Tertuliano. A interpretação da questão da divindade de Cristo gerou diversas controvérsias levando alguns a pensar que o próprio Deus pai sofreu e morreu na cruz interpretando literalmente a passagem do *Evangelho de João*: "Eu e o pai somos um" (Jo 10:30). Outros entenderam que Jesus era uma divindade menor que Deus pai e que a ele era subordinado e ficaram conhecidos como subordinacionistas e encontram respaldo na afirmativa: "(...) porque o Pai é maior do que eu" (Jo 14: 28). Um dos maiores teólogos cristãos, Orígenes, que defendia uma cristologia subordinacionista teve suas ideias condenadas, juntamente com a crença na pré-existência da alma e na salvação final de todos.[116] Corretos ou não, a totalidade desses cristãos foi considerada herege, perseguida, exilada e muitas vezes exterminada, gerando a intolerância religiosa que existe até os dias de hoje.

Por outro lado, devemos a sobrevivência da tradição cristã à estrutura organizacional e teológica dos ortodoxos. Toda a História do Ocidente foi profundamente influenciada pelo pensamento cristão dominante. Se os ebionitas fossem os vencedores, talvez o cristianismo fosse apenas uma seita judaica ou tivesse desaparecido após a diáspora judaica que ocorreu com a tomada de Jerusalém pelos romanos. Se os montanistas tivessem vencido, as escrituras teriam perdido sua importância e talvez não tivéssemos nunca acesso ao maravilhoso Sermão da Montanha. Se os gnósticos tivessem triunfado, talvez ainda tivéssemos mulheres apóstolas e deusas femininas, mas o gnosticismo era acessível apenas a uma elite espiritual, enquanto a ortodoxia era mais ampla. Os gnósticos almejavam libertar-se do mundo material e alguns condenavam a maternidade. Como o gnosticismo teria sobrevivido sem novos adeptos? As pessoas não iluminadas pela *gnose* valorizavam a vida familiar, os negócios e a vida social como um todo. Os gnósticos precisavam do isolamento para encontrar sua centelha interior. Para os gnósticos o mundo era ruim, para os ortodoxos Deus fez tudo perfeito, nós é que o corrompemos com o pecado. Os montanistas viviam uma vida de rigor ascético, os ortodoxos repartiam o pão e compartilhavam o vinho. Até os pagãos, que criticavam os ortodoxos, admitiam que eles conquistavam os miseráveis alimentando os vivos e encaminhando os mortos.

Irineu declarava que:

Assim como o sol, criatura de Deus, é um só e o mesmo em todo o mundo, também a pregação da verdade brilha em toda a parte, iluminando todas as pessoas de boa vontade. E nenhum dos governantes da igreja, por maiores que sejam seus dotes em questões de eloquência, há de ensinar doutrinas diferentes.[117]

A realidade é que nunca saberemos como teria sido se a ortodoxia não tivesse sido a vencedora. Com certeza, nossos costumes e crenças teriam sido muito diferentes.

Tertuliano, antes de romper com a ortodoxia, reclamava que hereges e filósofos preocupavam-se com perguntas que levavam à heresia como: de onde vem a humanidade? Como ela surgiu? Qual a origem do mal? Por que o mal existe? Segundo Tertuliano, ironicamente excluído da Igreja, o catolicismo triunfara porque foi o que ofereceu as respostas verdadeiras a essas perguntas e assim permaneceu até que a verdade teológica católica começasse a ser contestada.[118]

Em qualquer disputa, inclusive nas religiosas, há sempre perdas e ganhos. A ortodoxia universalizou o cristianismo, mas endossou a dominação masculina pelo controle apostólico restrito aos homens. Os ortodoxos ajudaram milhares de pessoas a encontrar consolo espiritual e material pela caridade, mas excluiu desses benefícios os que não professavam a sua fé. As mulheres perderam o status de apóstolas que tinham nas primeiras igrejas paulinas e de profetisas, como na crença montanista, mas a doutrina apocalíptica escatológica que professavam foi minimizada, diminuindo o medo e o pânico de um fim dos tempos que é iminente. Perdemos o prestígio das mulheres como merecedoras da salvação pela compreensão da gnose, mas a maternidade, condenada por alguns gnósticos, foi santificada pelos ortodoxos. Com o triunfo ortodoxo, perdemos a representação que tinham Madalena, Salomé e outras mulheres como discípulas de Jesus e fomos condenadas a ficarmos caladas nas igrejas e sermos submissas aos nossos pais e maridos.

No entanto, é importante lembrar que a história é cíclica e é constantemente reescrita e remodelada. A ortodoxia nunca eliminou completamente os pensamentos heréticos e adaptou à sua crença várias de suas práticas. Dos ebionitas eles tomaram a reverência pelas tradições e escrituras de Israel. Com os marcionitas entenderam que era necessário ter um cânone fixo das escrituras, dos gnósticos guardaram a ideia que há uma elite na Igreja responsável pela interpretação correta dos ensinamentos de Jesus, até mesmo do paganismo a Igreja adotou muitas de suas tradições como as vestes sacerdotais, o domingo, que era o dia do deus Sol, e muitas outras.

A descoberta recente de muitos evangelhos e textos apócrifos perdidos fez renascer crenças até então esquecidas. Hoje há igrejas gnósticas em vários locais do mundo, há judeus messiânicos e igrejas carismáticas guiadas pelo Espírito Santo. O movimento reformista foi o início de uma diversificação cristã que hoje é maior do que no tempo dos cristianismos iniciais e muitas religiões antigas e novas têm reservado papéis de destaque para as mulheres.

Mas a vitória da ortodoxia não ocorreu sem lutas. Ao mesmo tempo que combatia as heresias internas, teve que lutar contra as investidas do paganismo. Ao mesmo tempo que missionários como Paulo espalhavam o cristianismo por todo o Império Romano, iniciavam-se as perseguições contra os cristãos. Inicialmente localizadas, as perseguições foram tornando-se sistêmicas, levando ao martírio muitos dos seguidores cristãos.

Os pagãos acusavam os cristãos de ateísmo, por não compreenderem o seu Deus incorpóreo, desprovido de idolatria. Os encontros nas catacumbas e lugares escondidos para fugir das perseguições geraram boatos de infanticídio, canibalismo (comiam o corpo de Cristo) e de incesto, pois chamavam-se de irmãos e beijavam-se durante as cerimônias. Foram chamados de apóstatas porque renegaram a fé judaica. Como aguardavam o fim dos tempos e um reinado que não era o de Roma, eram vistos como inimigos perigosos do Estado. Porque evitavam as festas pagãs eram vistos como antissociais. Porém, o pior era que se recusavam terminantemente a prestar culto aos deuses pagãos. Na época, o próprio imperador romano era reverenciado como um deus e recusar-se a adorá-lo era insubordinação ao Estado romano. Além disso, a crença romana era de que os deuses precisavam ser reverenciados para que, satisfeitos, mantivessem a prosperidade do povo. Pela recusa, os cristãos começaram a ser acusados de tudo o que acontecesse de ruim no império.

Fazê-los cultuar os deuses da maneira certa era fundamental, mas os cristãos se recusavam e preferiam a morte.

No início do século IV d.C., o Imperador Diocleciano ordenou uma perseguição em massa aos cristãos e muitos perderam seus bens, foram torturados e mortos. Mas após a morte de Diocleciano, um dos coimperadores, Constantino, teve uma visão durante uma batalha decisiva. Segundo seus biógrafos Eusébio de Cesareia e Lactâncio, Constantino viu uma cruz brilhante no céu e a frase "sob este sinal vencerás". Constantino mandou pintar o monograma de Cristo nos escudos dos soldados com as letras *chi* e *rho,* que unidas formavam uma espécie de cruz. Após vencer a batalha, Constantino atribuiu a vitória ao Deus cristão e tornou-se protetor e patrono da fé em Cristo. Junto com Licínio, ele assinou o *Édito de Milão*, em 313 d.C., que decretou a liberdade religiosa no império, encerrando oficialmente a perseguição cristã. Constantino devolveu os bens confiscados por Diocleciano, construiu igrejas e subsidiou o clero, batizando-se pouco antes da sua morte.

A sorte dos cristãos parecia mudar, mas uma heresia crescia e ameaçava a união da igreja, o arianismo. Para resolver o problema, Constantino convocou o primeiro concílio ecumênico da Igreja, o Concílio de Niceia, uma reunião de bispos de várias localidades que veio a definir por votação qual seria o credo adotado oficialmente pelos cristãos. O credo ortodoxo prevaleceu e essa foi a primeira grande vitória da ortodoxia.

Em 380 d.C., outro imperador romano, Teodósio, promulgou o *Édito de Tessalônica,* que tornou o cristianismo a religião oficial do Império Romano. A versão cristã oficializada foi aquela proveniente de Pedro, ou seja, apostólica, expressa pela crença ortodoxa. A partir do édito, o cristianismo ortodoxo foi chamado de catolicismo, porque se tornou universal. Todas as outras crenças cristãs foram consideradas heréticas sendo duramente combatidas, agora também pelo aparato estatal. Heresia, a partir de então, foi considerada crime. Todas as pessoas do Império Romano foram obrigadas a se converterem ao catolicismo e essa junção provocou um sincretismo entre cristianismo e paganismo que persiste até os dias atuais. Os templos pagãos foram transformados em igrejas, o culto aos deuses, no culto aos santos e mártires, o *Pontifex maximus,* cargo de sacerdote supremo do paganismo atribuído ao imperador, foi transmitido posteriormente para o bispo de Roma que se tornou o Sumo Pontífice, chefe da Igreja Católica.

A união da Igreja com o Estado fez com que o poder divino ganhasse legitimidade jurídica e estatal e a Igreja Católica ganhou força e prestígio. De perseguida, passou a perseguidora. Nem mesmo a queda do Império Romano do Ocidente no ano 476 d.C. foi capaz de destruir a força da igreja nascente. O catolicismo romano tornou-se hegemônico e sua força e poder foi fator de opressão, perseguição e morte das mulheres que ousaram exigir seus direitos, seguir outra fé ou contestar o poder de Roma.

O período que se iniciou logo após a queda do Império Romano do Ocidente, com a invasão de Roma pelos "bárbaros" e a deposição do imperador Rômulo Augusto, foi posteriormente chamado de Idade Média, período áureo da Igreja Católica Apostólica Romana. O poder dos bispos estava consolidado. As mulheres perderam sua representatividade na Igreja e na sociedade, porque a fé católica controlava a vida doméstica e as relações sociais. Mas a História é dinâmica, há sempre rupturas e permanências. Muita coisa mudou no cenário religioso, ainda que, apesar de todas as reformas religiosas dos últimos séculos, o passado mítico ainda permeie a religiosidade atual. No entanto, essas questões merecem uma análise mais criteriosa que pretendo realizar em outro livro. Por hora, reflitamos sobre o princípio das religiões modernas para compreendermos que nada é estanque, tudo se transforma na natureza, segundo Lavoisier, e nas crenças, segundo a experiência dos estudiosos das religiões.

Capítulo 8: Todas as mulheres e deusas.

Houve um tempo em que as mulheres eram deusas, quando o dom da vida era o bem mais precioso. Eram elas que detinham o poder mágico de gerar uma nova vida.

Como o processo de sedentarização foi iniciado pela descoberta da agricultura, provável invenção feminina, as mulheres eram as mais importantes nas primitivas sociedades agrícolas porque dependia delas a subsistência dos clãs. A ampliação da produção dos alimentos, as disputas por terras férteis e a utilização das primeiras armas de bronze originaram conflitos que realçaram a importância da força masculina. Nasciam as primeiras sociedades patriarcais.

A mulher perdeu o prestígio na sociedade terrena e no mundo sobrenatural. Até mesmo a descoberta da participação do homem na geração da vida diminuiu a importância da mulher. A mudança ocorreu no plano divino por reflexo da mudança na Terra.

Algumas sociedades passaram a desenvolver atividades de pecuária. Pastorear o rebanho não foi considerado adequado a mulheres com filhos pequenos. Mais uma vez a mudança na organização social provocou a segregação feminina. As mulheres, cada vez mais, foram obrigadas a uma vida doméstica e servil.

A criação de gado influenciou as religiões trazendo o costume de realizar sacrifícios para os deuses. Observando o ciclo de nascimento, morte e renascimento, algumas pessoas imaginaram que a vida teria surgido de um grande sacrifício primordial e por isso reencenavam o ritual do sacrifício para continuar a ter renascimento e prosperidade.

Para conseguir gado suficiente, alguns grupos começaram a saquear seus vizinhos, levando a disputas sangrentas e violência. Os homens inventaram a guerra e a vida perdeu importância. Os deuses primordiais não eram mais exclusivamente femininos e foram substituídos por deuses antropomórficos com características masculinas, deuses mais dinâmicos e guerreiros. As deusas mães primordiais e os deuses altos criadores, inacessíveis, foram desaparecendo. O retorno da divindade transcendente ocorreria séculos depois em um mundo controlado pelos homens onde não haveria mais lugar para a Mãe divina.

Em tempos de disputas, a força bruta era fundamental e as mulheres foram rebaixadas do panteão celeste e submetidas aos homens no plano terreno. As disputas por território fizeram os deuses mais fortes. No entanto, ainda havia deusas nas religiões politeístas, com as quais as mulheres podiam se identificar.

No período conhecido como *Era axial,* entre 900 e 200 a.C., surgiram em quatro regiões distintas, as grandes tradições religiosas e filosóficas que ainda influenciam o pensamento contemporâneo: Confucionismo e Taoísmo na China, Hinduísmo e Budismo na Índia, Monoteísmo em Israel e Racionalismo Filosófico na Grécia.[119]

O ser humano começou a buscar respostas dentro de si mesmo. O sacrifício e o mito tiveram sua importância diminuída. A ética e a moralidade foram privilegiadas. O único meio de encontrar Deus, Nirvana, Brahman ou o Caminho era por meio da empatia. A religião passou a significar compaixão.

Os sábios axiais não se preocupavam tanto com doutrina ou metafísica. A fé não dependia de acreditar em rígidas proposições doutrinais, como ocorre com as religiões ocidentais atuais. Alguns sábios da época recusavam-se a discutir teologia, era perverso, imaturo e irrealista procurar o tipo de certeza que muita gente hoje espera encontrar na religião. Os sábios axiais acreditavam que as pessoas não deveriam receber ensinamentos em matéria de fé. Era preciso vivenciar pessoalmente a experiência religiosa em seu interior.[120]

No entanto, apesar de terem revolucionado o pensamento religioso, não havia mulheres entre os principais sábios axiais. A mulher já estava relegada a segundo plano e sua participação no universo religioso era pontual e secundária.

A religião compassiva e pacífica nem sempre sobrevive em um mundo de disputas e violência e muitas ideias axiais foram sendo substituídas e modificadas conforme as circunstâncias de cada sociedade. Entretanto, muitas de suas doutrinas ainda são aplicáveis ao mundo de hoje e por isso é importante conhecer as origens das religiões. O olhar crítico para o passado nos fornece um vislumbre do futuro. Os sábios axiais desenvolveram seu ideal em um mundo de guerra e conflitos como o nosso. Temos muito o que aprender com as religiões antigas e seus desdobramentos atuais. Devemos lembrar que para eles o que importava não era a crença e sim o comportamento, a atitude. Pessoas religiosas não são necessariamente melhores que as outras. A religião tem que servir para o bem-estar da humanidade.

Certa vez, o teólogo Leonardo Boff perguntou maliciosamente para o Dalai Lama qual era a melhor religião, já esperando que ele respondesse que era o Budismo tibetano. A resposta do religioso o surpreendeu. Ele disse que a melhor religião é aquela que te faz melhor. "Aquilo que te faz mais compassivo, aquilo que te faz mais sensível, mais desapegado, mais amoroso, mais humanitário, mais responsável... A religião que conseguir fazer isso de ti é a melhor religião".[121] Uma religião que discrimina quem quer que seja, inclusive mulheres, não se encaixa neste ideal religioso humanitário.

No entanto, nem sempre as religiões foram dirigidas para bons propósitos, sendo constantemente utilizadas para subjugação e opressão. No caso das mulheres no Ocidente, a força masculina e as sociedades patriarcais nos deixaram cada vez mais submissas à vontade dos homens. A situação social foi transposta para o ambiente religioso. As mulheres passaram a presenciar suas deusas serem combatidas pelo culto monoteísta. O triunfo do catolicismo controlado pelos bispos, tornando-se religião oficial do Império Romano, influenciou toda a cultura ocidental. O império ruiu, mas a religião e os costumes patriarcais sobreviveram. Ainda somos obrigadas a carregar a culpa que os dirigentes religiosos, séculos após séculos, atribuíram à Eva.

Isso não quer dizer que as mulheres não foram importantes e influentes na formação das religiões. Se o forte da maioria das mulheres ao longo da História não foi a guerra e a força bruta, a persuasão feminina é inegável. Até mesmo Jesus, quando criança, obedecia e escutava os conselhos de sua mãe. Santo Agostinho foi convertido à religião católica por influência de sua mãe, Mônica, e dedicou a ela alguns capítulos de sua famosa obra *Confissões*.[122] É quase certo que a mãe de Constantino, o primeiro imperador romano cristão, já fosse cristã antes da conversão de seu filho e que o tenha influenciado na escolha. A história das religiões está repleta de mulheres mártires e santas que foram exemplos de santidade e bondade e inspiraram as pessoas a seguirem o ideal cristão de amor ao próximo.

Ainda que tenhamos sido relegadas a segundo plano nas religiões monoteístas, podemos encontrar todos os tipos de mulheres nas escrituras sagradas. Tomemos como exemplo algumas das várias mulheres citadas na Bíblia. Há mulheres nos papéis tradicionais de dona de casa e boa esposa como na parte de *Provérbios*, escrita pelo rei Lemuel, que escreve baseado nos ensinamentos que sua própria mãe o ensinou:

Noite ainda, se levanta, para alimentar os criados. E dá ordens às criadas. Examina um terreno e o compra, com o que ganha com as mãos planta uma vinha (...). Estende a mão ao pobre, e ajuda o indigente (...). Tece roupas para o seu uso, e veste-se de linho e púrpura. Na praça o seu marido é respeitado, quando está entre os anciãos da cidade. Tece panos para vender, e negocia cinturões. Está vestida de força e dignidade, e sorri diante do futuro. Abre a boca com sabedoria, e sua língua ensina com bondade. Vigia o comportamento dos criados, e não come pão no ócio. Seus filhos levantam-se para saudá-la, seu marido canta-lhe louvores: "Muitas mulheres ajuntaram riquezas, tu, porém, ultrapassas a todas" (Pr 31: 15 – 29).

O autor do *Eclesiástico* também descreve o seu ideal de boa esposa:

Uma mulher perfeita alegra o seu marido, ele passará em paz os anos de sua vida. Uma mulher excelente é uma boa sorte, será dada aos que temem ao Senhor: rico ou pobre, tem o coração satisfeito, tem sempre um semblante alegre (Eclo 26: 2 – 4).

A beleza de uma mulher alegra o olhar e excede a todos os desejos do homem. Se a bondade e a doçura estão nos seus lábios, o seu marido é o mais feliz dos homens. O que adquire uma mulher inicia a fortuna, auxiliar semelhante a ele, coluna de apoio. Faltando cerca, a propriedade é devastada; faltando a mulher, o homem geme e vaga. Quem confia num ágil ladrão que salta de cidade em cidade? Assim é o homem a quem falta ninho: repousa onde a noite o surpreende (Eclo 36: 22 – 27).

Há também vários tipos de mães, como a viúva de Sarepta, mãe zelosa, que dividia com seu filho a última porção de comida e que foi salva da morte por ter ajudado o profeta Elias. Quando seu filhinho adoeceu e morreu, foi procurar novamente o profeta e viu seu filho ser ressuscitado por ele (1Rs 17: 7 – 24). Outras mães em situações de fome não tiveram a mesma sorte de serem protegidas por um profeta e precisaram comer seus próprios filhos para sobreviver (2 Rs 6: 26 – 29).

Há também as mães adotivas, como a filha do faraó, que salvou um bebê hebreu da morte e adotou o pequeno Moisés como se fosse seu próprio filho (Ex 2: 5 – 10).

As mulheres estéreis são várias. Mas uma teve uma história especial. Ana, esposa de Elcana, não se conformou com sua esterilidade e foi ao templo orar a Iahweh:

Depois que comeram e beberam, Ana se levantou. O sacerdote Eli estava assentado em sua cadeira, no limiar da porta do santuário de Iahweh. Na amargura de sua alma, ela orou a Iahweh e chorou muito. E fez um voto, dizendo: "Iahweh dos Exércitos, se quiseres dar atenção à humilhação da tua serva e te lembrares de mim, e não te esqueceres da tua serva e lhe deres um filho homem, então eu o consagrarei a Iahweh por todos os dias da sua vida, e a navalha não passará sobre a sua cabeça." Como se demorasse na oração a Iahweh, Eli observava a sua boca. Ana apenas murmurava: seus lábios se moviam, mas não se podia ouvir o que ela dizia, e por isso Eli julgou que ela estivesse embriagada. Então lhe disse Eli: "Até quando estarás embriagada? Livra-te do teu vinho!" Ana, porém, lhe respondeu com estas palavras: "Não, meu senhor, eu sou uma mulher atribulada; não bebi vinho nem bebida forte: derramo a minha alma perante Iahweh. Não julgues a tua serva como uma vadia. É porque estou muito triste e aflita que tenho falado até agora." Eli então lhe disse: "Vai em paz, e que o Deus de Israel te conceda o que lhe pediste" (1 Sm 1: 9 – 17).

Uma mulher orando silenciosamente no templo era tão incomum que Eli pensou que ela estivesse bêbada. Por causa da prece, Iahweh permitiu que ela concebesse e seu filho Samuel foi o último dos juízes de Israel e o primeiro dos profetas, tendo ungido os primeiros reis de Israel: Saul e Davi.

No entanto, nem todas as mulheres bíblicas representam o papel tradicional de mãe e dona de casa. Existiram mulheres poderosas que se recusaram a serem submissas aos maridos, como as rainhas Ester e Vasti.

A rainha Vasti era a bela esposa do rei Xerxes, que reinou da Índia até a Etiópia. Certa vez, estando na cidadela de Susa, o rei deu um grande banquete. A rainha Vasti também ofereceu um banquete para as mulheres do palácio. O rei, estando bêbado, exigiu que Vasti se apresentasse na sua festa porque queria exibir a sua beleza para seus convidados. A rainha recusou-se a cumprir a ordem do rei. Para que não servisse de mau exemplo de insubordinação feminina ela foi deposta. O rei escolheu outra rainha entre as virgens jovens e belas do reino, a judia Hadassa, que se apresentou com o nome falso de Ester, para esconder sua nacionalidade.

Por conta de intrigas palacianas, o rei decretou que os judeus deveriam ser exterminados. Ester queria interceder por seu povo, mas o rei não a procurava e era proibido, sob pena de morte, estar na presença do rei sem ser chamado. Não vendo outra alternativa e arriscando sua vida ela foi encontrar o rei e acabou desmaiando. O rei, penalizado, a ergueu em seus braços e perguntou o que a afligia. Ela marcou um encontro com ele mais tarde. A rainha então pediu que salvasse seu povo e conseguiu. Com humildade, coragem e astúcia, Ester conseguiu mudar os desígnios do rei (Est 1 – 8).

Algumas mulheres se libertaram das convenções sexuais para poder escolher seus parceiros, como a esposa de Putifar, o eunuco comandante da guarda real do faraó do Egito. José, filho do patriarca Jacó, havia sido vendido como escravo pelos irmãos e foi comprado por Putifar tornando-se seu mordomo. A esposa do eunuco apaixonou-se por José e pediu que ele dormisse com ela. José recusou em respeito ao seu amo. A mulher o agarrou pela roupa e ele fugiu, deixando as roupas na mão dela. Por causa do escandaloso episódio, José foi preso e na prisão interpretou os sonhos dos oficiais do faraó, o que lhe rendeu um cargo de confiança no palácio. A investida sexual da esposa de Putifar foi a causa da prisão de José, mas também a garantia de um cargo de maior destaque, que proporcionou que ele salvasse toda a sua família da fome e também o povo do Egito (Gn 39 – 40).

No livro *Atos dos Apóstolos,* encontramos Drusila, uma judia que era casada com o procurador romano da Judeia, Félix, sendo que não havia se divorciado oficialmente do primeiro marido, um raro caso de poligamia feminina. Berenice, irmã de Drusila, filha mais velha de Herodes Agripa I, causou um escândalo ao casar com seu tio Herodes e depois de viúva ainda teria tido uma relação incestuosa com seu irmão Herodes Agripa II. Posteriormente, ela se casou com o rei da Cilícia e se tornou amante do imperador Vespasiano e do seu filho Tito.[123]

Ao que tudo indica, mulheres ricas tinham muito mais poder e liberdade, mesmo em sociedades patriarcais como a judaica. As mulheres simples e pobres, em geral, não tinham escolha senão seguir as leis judaicas plenamente, mas mulheres que detiveram poder muitas vezes rebelaram-se e escolheram seu próprio caminho.

Encontramos a expressão da sexualidade feminina no controverso *Cântico dos Cânticos,* cuja protagonista, uma bela mulher negra, é louvada pelo seu amado rei e corresponde seus elogios com a mais bela poesia.

> Que me beije com beijos de sua boca!
> Teus amores são melhores do que o vinho,
> o odor dos teus perfumes é suave,
> teu nome é como um óleo escorrendo,
> e as donzelas se enamoram de ti...
> Arrasta-me contigo, corramos!
> Leva-me, ó rei, aos teus aposentos

e exultemos! Alegremo-nos em ti!
Mais que ao vinho, celebremos teus amores!
Com razão se enamoram de ti (...)

Em meu leito, pela noite,
procurei o amado de meu coração.
Procurei-o e não o encontrei!
Levantar-me-ei,
rondarei pela cidade,
pelas ruas, pelas praças,
procurando o amado da minha alma...
Procurei-o e não o encontrei!...
Encontraram-me os guardas
que rondavam a cidade.
"Vistes o amado da minha alma?"
Passando por eles, contudo,
encontrei o amado da minha alma.
Agarrei-o e não o soltarei,
até levá-lo à casa da minha mãe,
ao quarto da que me concebeu (Ct 1 e 3).

Mas mulheres humildes também exigiam seus direitos contestando as leis vigentes, como no caso das irmãs Maala, Noa, Hegla, Melca e Tersa, filhas de Salfaad, que apresentaram-se diante de Moisés exigindo que recebessem alguma propriedade, já que seu pai não tinha tido filhos homens.

Moisés levou o caso delas diante de Iahweh e Iahweh falou a Moisés. Disse: "As filhas de Salfaad falaram corretamente. Dar-lhes-ás, portanto, uma propriedade que será a herança delas no meio dos irmãos de seu pai; transmitirás a elas a herança do pai. Falarás, então, aos filhos de Israel: Se um homem morrer sem deixar filhos, transmitireis a sua herança à sua filha (Nu 27: 5 – 8).

Por causa da reivindicação das irmãs, Iahweh modificou suas leis e outras mulheres foram beneficiadas.

Abigail impediu que Davi fizesse justiça contra ela e sua família por causa de uma desfeita do marido. Ela se humilhou, levou presentes e pediu desculpas, chamando o próprio marido de grosseiro e insensato. Davi, após ouvir suas ponderações, respondeu a ela:

"Bendito seja Iahweh, Deus de Israel, que hoje te enviou ao meu encontro. Bendita seja a tua sabedoria e bendita sejas tu por me teres impedido hoje de derramar sangue e fazer justiça com as minhas próprias mãos! Mas, pela vida de Iahweh, Deus de Israel, que me impediu de te fazer o mal se não tivesses vindo tão depressa à minha presença, eu juro que, de agora até ao amanhecer, não teria sobrado com vida um único dos homens que andam com Nabal". Então Davi recebeu o que ela lhe havia trazido e lhe disse: "Volta em paz para a tua casa. Vê que ouvi a tua súplica e te atendi" (1 Sm 25: 32 – 35).

Louvada por sua sabedoria e perspicácia, Abigail retornou para casa encontrando o marido bêbado. Dez dias depois, Nabal morreu e Davi pediu que Abigail se tornasse sua esposa.

Outra mulher perspicaz salvou sua cidade da destruição. Estando cercada a cidade em que vivia, ela mandou chamar o comandante do exército sitiante, Joab, perguntando se ele tinha a intenção de destruir uma cidade de Israel, herança de Iahweh. Joab informou que só queria Seba, que havia se revoltado contra Davi e estava escondido na cidade.

A mulher disse a Joab: "Pois bem! Jogaremos a cabeça dele por cima da muralha!" A mulher enfrentou todo o povo apenas com a sua sabedoria e degolaram a Seba, filho de Bocri, e jogaram a cabeça a Joab. Então ele mandou soar a trombeta e se afastaram da cidade, e cada um foi para a sua tenda (2 Sm 20: 21 – 22).

Outras mulheres também se destacaram por serem heroínas de guerra. Uma delas foi Raab, a prostituta de Jericó, que escondeu dois espiões israelitas enviados por Josué. Ela fez um pacto com os espiões prometendo não os denunciar em troca de proteção para sua família. Ela ainda os instruiu como poderiam se esconder e que caminho tomar na fuga (Js 2: 1 – 21). Raab e sua família passaram a fazer parte de Israel. A genealogia de Jesus cita o nome da prostituta como bisavó de Jessé, pai do rei Davi (Mt 1: 5). O nome dela é ainda mencionado em duas epístolas do *Novo Testamento*. Em *Hebreus* ela está na lista dos grandes heróis e heroínas do passado junto com os patriarcas. "Foi pela fé que Raab, a prostituta, não pereceu com os indóceis, porque recebera pacificamente os espiões" (Hb 11:31), sendo louvada também pelas suas obras na *Epístola de Tiago* (Tg 2: 25).[124]

Outra heroína de guerra foi Judite, nome que corresponde à forma feminina da palavra hebraica para judeu, que desafiou a autoridade dos homens e foi responsável pelo aniquilamento do exército de Nabucodonosor.

A campanha militar de Nabucodonosor era chefiada pelo general Holofernes, que sitiou a cidade de Betúlia e aguardava que a população se rendesse ou morresse de fome. Judite, uma viúva rica e independente procurou os governantes da cidade com um plano, que ela só poderia revelar após o sucesso.

Ela vestiu suas roupas mais sedutoras e junto com sua serva deixou a cidade em direção ao acampamento assírio. Na tenda de Holofernes ela contou como ele poderia derrotar os israelitas sem perder um só homem. Judite pediu, em troca da informação, para deixar o acampamento durante a noite para orar. Nos dias que se seguiram, levando com elas suas bolsas de comida, Judite e a serva saíam do acampamento, retornando no dia seguinte. Na quarta noite, Holofernes convidou Judite para um banquete íntimo em sua tenda, a sós. Holofernes bebeu demais e deitou-se em sua cama. Aproveitando a situação vulnerável do general, Judite o decapitou usando a espada dele. Ela e a serva retornaram ao acampamento levando a cabeça do general na bolsa de comida. A cabeça foi espetada no muro da cidade e os assírios, ao descobrirem sobre a morte de seu general, fugiram. Durante a debandada e estimulados com a notícia da morte de Holofernes, os israelitas atacaram as tropas assírias provocando um massacre.

Outra mulher que usou seu poder de sedução e perspicácia para derrotar um homem poderoso e forte foi Dalila, a amante de Sansão. Um homem tão forte a ponto de matar um leão com as próprias mãos, era Sansão. Ele foi juiz em Israel e combateu os filisteus, era um homem irado e vingativo, mas perdeu sua força por causa de uma mulher.

Sansão apaixonou-se por Dalila, mas ele não sabia que ela havia aceitado ser espiã dos filisteus por dinheiro. Ela insistiu várias vezes para que ele contasse para ela de onde vinha sua força e como ele poderia ser dominado. Sansão contava a ela mentiras e os filisteus não conseguiam matá-lo. Mas ela foi muito insistente e ele acabou confessando que a força dele estava nos cabelos, que nunca haviam sido cortados. Ela fez com que Sansão adormecesse em seus joelhos e mandou cortar as tranças do cabelo dele. Os filisteus atacaram, furaram seus olhos e o prenderam. Os cabelos de Sansão cresceram e ele, por fim, vingou-se, derrubando as colunas do templo dos filisteus, matando muitos e morrendo no desabamento, cumprindo sua sina de ser o exterminador dos filisteus eleito por Iahweh (Jz 16: 4 – 31).

A Bíblia nos reserva ainda muitas surpresas, como Atália, filha da odiada Jezabel, que foi a única mulher a ser rainha de Judá, tendo reinado por sete anos até ser assassinada em um golpe palaciano (2 Rs 11).

Havia também mulheres que tinham participação na religiosidade hebreia como a profetisa Hulda, que falava em nome de Iahweh. Ela foi consultada pelo rei Josias na época do descobrimento do livro da lei, durante a reforma do Templo de Jerusalém. Jeremias, o grande profeta de Iahweh, era seu contemporâneo e, assim como ela, previu a destruição de Jerusalém pelos babilônios, mas foi Hulda, uma mulher, que foi consultada pelo rei e não Jeremias (2 Rs 22: 11 – 20).

Maria, a irmã de Moisés, também era profetisa, mas porque ousou contestar seu irmão, foi alvo da ira de Iahweh, que a deixou leprosa.

Outra mulher que possuía poderes sobrenaturais era a feiticeira de Endor. O rei Saul havia expulsado os necromantes e adivinhos, mas quando viu seu acampamento cercado pelos filisteus teve medo e resolveu consultar uma vidente. Disfarçou-se, saiu escondido e procurando a mulher em Endor pediu para que ela evocasse o espírito do profeta Samuel. Quando o profeta apareceu, ela soube que era Saul o homem que a consultava e teve medo por causa da proibição. O rei prometeu que não aconteceria nada a ela. O espírito de Samuel previu a morte de Saul e a derrota para os filisteus. Saul ficou extremamente abalado pela notícia e a vidente serviu comida para ele e seus servos, no intuito de confortá-los. O primeiro rei de Israel descumpriu suas próprias ordens e consultou uma mulher no momento de maior angústia de sua vida (1 Sm 28: 3 – 25).

Também havia mulheres na liderança da nascente igreja cristã como: Febe, diaconisa da igreja de Cencreia, Prisca, que mantinha uma igreja em sua casa, e Júnia, a apóstola do Cristo (Rm 16).

Mulheres que morreram martirizadas por não renegarem a fé são encontradas na época do governador selêucida Antíoco IV, século II a.C. O culto judaico foi proibido e o Templo de Jerusalém foi consagrado a Zeus, para desespero dos judeus, que foram obrigados a participar das festas pagãs e sacrificar aos deuses.

Alguns judeus recusaram-se a modificar seus costumes, entre eles duas mulheres que haviam circuncidado seus filhos. Elas e os bebês foram obrigados a desfilar pela cidade e foram atirados da muralha da cidade (2 Mc 6: 10). Uma mãe foi obrigada a ver seus sete filhos serem torturados, mutilados e assados vivos, sendo morta em seguida, por não concordarem em comer carne de porco (2 Mc 7).

Mulheres sábias e instruídas, conhecedoras da lei, são exemplificadas por Lóide e Eunice, avó e mãe do discípulo Timóteo, que o instruíram no conhecimento das sagradas escrituras (2 Tm 3: 14 – 17).

Podemos destacar ainda Lídia, uma mulher de negócios de Tiatira, que vendia tecidos finos (At 16: 14).

Além de mulheres fascinantes, a Bíblia ainda nos brinda com uma deusa, Aserá, e com Maria, aquela que foi considerada por muitos como a única mãe de Deus. No entanto, a figura de Maria como único exemplo feminino a ser seguido nos cria o problema de ser mulher, mãe e virgem, algo impossível a nós mulheres.

Depois de tantos exemplos, deste e de outros capítulos, como poderíamos definir a mulher da Bíblia? A mãe zelosa, a filha obediente, a dona de casa, a esposa fiel, a amante, a prostituta, a sofredora, a guerreira, a heroína, a assassina, a mártir, a mulher de negócios, a conselheira, a profetisa, a apóstola, a deusa? A mulher casada, a solteira, a viúva, a que tem filhos, a que não tem? As castigadas por Deus, aquelas que foram instrumento de sua justiça? A rainha, a plebeia, a juíza, a camponesa? A astuciosa, a sábia, a espiã? A leal, a traidora, a injustiçada, a que exige justiça? A perfeita virtude ou a mulher real? A deusa ou a pecadora?

Será possível encontrar um padrão de virtude feminina definitivo a ser seguido, quando temos tantos exemplos em apenas um dos textos sagrados?

Alguns podem argumentar, com razão, que muitas destas mulheres não foram reais, que são criações teológicas, tradições muito antigas, mas isso perde importância quando entendemos que essas personagens femininas foram utilizadas como exemplo verdadeiro a ser seguido, sem escolha, sem discussão. Para muitas mulheres a Bíblia é o único livro que elas têm acesso e ainda assim não podem interpretá-la porque não nasceram homens.

Será que Deus quis realmente manter as mulheres na ignorância? Privadas do conhecimento porque não temos capacidade de discernir o que é melhor para nós?

O jardim idílico onde fomos criadas, segundo o mito, não nos permitia condições de desenvolver a maternidade, o trabalho, a inteligência, a caridade e o amor ao próximo. Uma vida paradisíaca de ociosidade é realmente o ideal de paraíso?

Quando caímos do Éden, segundo o mito, ganhamos o sofrimento, a dor, a mortalidade. Mas o sofrimento nos faz empáticos, nos faz querermos ser seres melhores para que não soframos tanto. Quando contemplamos o sofrimento do outro, produzimos a verdadeira religião humanitária.

Eva preferiu a liberdade, ela fez sua escolha. Perdemos o paraíso mas ganhamos o conhecimento, que pode tornar nossas vidas o céu ou o inferno. Precisamos decidir o que fazer com o que conhecemos, com o que cremos. Sempre se perde um pouco do paraíso quando se come o fruto do conhecimento porque a ignorância nos mantém exilados no jardim dos que não têm escolha.

A filosofia, a religião, a ciência, homens e mulheres buscam há milênios entender os mistérios da vida e da morte. A curiosidade e a sede de saber nos fazem progredir e compreender melhor o que por muito tempo parecia incompreensível.

Odin deu um de seus olhos para beber da fonte da sabedoria e continuou cometendo erros. Ele era louvado como um deus sábio, mesmo tendo defeitos. Eva também buscou a fonte da sabedoria, comeu do fruto do conhecimento. Mas ela não perdeu apenas um olho, ela recebeu a vergonha, o exílio, a dor e a morte. Nós mulheres, herdeiras de Eva, fomos obrigadas a carregar a culpa imposta a Eva por uma escolha que não foi nossa, nosso fardo até hoje. Talvez seja o momento de termos um novo olhar para essa história, para a nossa história e para o futuro das religiões. Não devemos apagar o passado, mas transformar as lições na alavanca para mudanças nas práticas religiosas.

Todas as mulheres e deusas encontram-se nos textos sagrados e mitos religiosos. Se podemos nos identificar com qualquer uma delas porque carregar a culpa que imputaram a Eva? Se até o papa já admite que Eva é mítica, por que não termos um olhar mais racional para toda esta história de pecado e culpa?

A curiosidade sobre a história das mulheres na religião me fez criar este livro. Sou a Eva que se insurge contra a proibição de conhecer. Os deuses, a natureza, a genética, o que quer que seja nos deram a inteligência e a sede de conhecimento. Precisamos honrar nossos dons e glorificar a Deus, à deusa ou à natureza e retribuir a maravilhosa bênção do conhecimento que nos faz humanos.

Quem nunca quis comer do fruto do conhecimento, que atire a primeira pedra.

Notas bibliográficas

1. Todas as citações bíblicas deste livro são retiradas do texto integral da Bíblia de Jerusalém. Nova edição, revista e ampliada. 8ª impressão, 2012. As abreviaturas dos livros bíblicos citados seguem o padrão da citada obra.
2. Para saber mais sobre a autoria do Pentateuco consulte: ARMSTRONG, Karen. *A Bíblia uma biografia*. Trad. Maria Luiza X. de A. Borges. Rio de Janeiro: Jorge Zahar Editor, 2007.
3. ARMSTRONG, Karen. *A grande transformação*. O mundo na época de Buda, Confúcio e Jeremias. Trad. Hildegard Feist. São Paulo: Companhia das Letras, 2008.
4. *Ibid*. Karen Armstrong faz uma análise brilhante do período axial e do pensamento mítico e filosófico nesta obra.
5. SOUZA, Alexandre Alselmo de. *Filosofia antiga*. Disponível em: . Acessado em 7/6/2016.
6. ELIADE, Mircea. *Mito e realidade*. Tradução: Pola Civelli. São Paulo: Editora Perspectiva, 1972.
7. *Ibid*.
8. *Ibid*.
9. Papa Francisco diz que big bang e teoria da evolução não contradizem a lei cristã. Disponível em: . Acessado em 20/02/2016.
10. NIETZSCHE, Friedrich. *Gaia Ciência*. Trad.Paulo César de Souza. São Paulo: Companhia de Bolso: 2012.
11. BOWKER, John (org.). *O livro de ouro das religiões. A fé no Ocidente e Oriente, da pré-história aos nossos dias*. Trad. Laura Alves; Aurélio Rebello. Rio de Janeiro: Ediouro, 2004.
12. ALAMBERT, Zuleika. *A mulher na história e a história da mulher*. Abaré: Fundação Astrogildo Pereira/FAP, 2004.
13. ELIADE, Mircea. *História das crenças e das ideias religiosas, volume 1: da idade da pedra aos mistérios de Elêusis*. Rio de Janeiro: Jorge Zahar Editores, 2010.
14. ROBLES, Martha. *Mulheres, mitos e deusas: o feminino através dos tempos*. Trad. William Lagos e Débora Dutra Vieira. São Paulo: Editora Aleph, 2006.
15. Enéade de Heliópolis é um conjunto de nove deuses da cidade de Heliópolis no Egito.
16. SANTOS, Poliane Vasconi dos. *Religião e sociedade no Egito antigo: do mito de Ísis e Osíris na obra de Plutarco (I d.C.)*. 2003. 131 f. Dissertação (mestrado) - Universidade Estadual Paulista, Faculdade de Ciências e Letras de Assis, 2003. Disponível em: <>. Acessado em 8/3/2016.
17. PRATAS, Glória Maria. *Trabalho e religião: o papel da mulher na sociedade faraônica*. Revista Mandrágora, v.17. n. 17, 2011, p. 157-173.

18. BOWKER, John (org.). *O livro de ouro das religiões. A fé no Ocidente e Oriente, da pré-história aos nossos dias.* Trad. Laura Alves; Aurélio Rebello. Rio de Janeiro: Ediouro, 2004
19. CAMPBELL, Joseph; MOYERS, Bill. *O poder do mito.* Org. Betty Sue Flowers. Trad. Carlos Felipe Moisés. São Paulo: Editora Palas Athena, 1991.
20. ARMSTRONG, Karen. *A grande transformação. O mundo na época de Buda, Confúcio e Jeremias.* Trad. Hildegard Feist. São Paulo: Companhia das Letras, 2008.
21. JUNG, Carl G. *Os arquétipos e o inconsciente coletivo.* Trad. Dora Mariana R. Ferreira da Silva e Maria Luíza Appy. Rio de Janeiro: Editora Vozes, 2002.
22. Para conhecer mais sobre a sua deusa interior consulte: BOLEN, Jean Shinoda. *As deusas e a mulher. A nova psicologia das mulheres.* Trad. Maria Lydia Remédio. São Paulo: *Paulus,* 1990.
23. ARMSTRONG, Karen. *A grande transformação. O mundo na época de Buda, Confúcio e Jeremias.* Trad. Hildegard Feist. São Paulo: Companhia das Letras, 2008.
24. *Ibid.*
25. FRANCHINI, A. S.; SEGANFREDO, Carmen. *As melhores histórias da mitologia nórdica.* Porto Alegre: Artes e Ofícios Editora, 2004.
26. MELLO, Anísio. *Estórias e lendas da Amazônia.* São Paulo: Livraria Editora Iracema, 1963.
27. PEREIRA, Patrícia. *Amazonas: lenda ou realidade?* Revista Superinteressante. Edição 231 a, outubro de 2006.
28. *Ibid.*
29. Para mais informações sobre a participação feminina no Candomblé consulte: BASTOS, Ivana da Silva. *A visão do feminino nas religiões afro-brasileiras.* In: CAOS: Revista eletrônica de Ciências Sociais. N°4 set/2009.
30. Para saber mais sobre quem escreveu a Bíblia, suas contradições e como ela foi modificada, consulte: EHRMAN, Bart. D. *Quem escreveu a Bíblia: Por que os autores da Bíblia não são quem pensamos que são.* Trad. Alexandre Martins. Rio de Janeiro: Editora Agir, 2013.
31. Bíblia de Jerusalém. Introdução ao Pentateuco.
32. CAMPBELL, Joseph; MOYERS, Bill. *O poder do mito.* Org. Betty Sue Flowers. Trad. Carlos Felipe Moisés. São Paulo: Editora Palas Athena, 1991.
33. *A epopeia de Gilgamesh.* Tradução de Carlos Daudt de Oliveira. São Paulo: Editora Martins Fontes, 2016.
34. *Ibid.*
35. HESÍODO. *Teogonia.* Estudo e tradução Jaa Torrano. São Paulo: Editora Iluminuras, 1991.
36. *Ibid.*
37. HESÍODO. *Trabalhos e dias.* Trad. Ana E. Pinheiro; José R. Ferreira. Lisboa: Imprensa Nacional, 2005.
38. BRASETE, Maria Fernanda. *A criação da mulher segundo Hesíodo.* Disponível em: . Acessado em 6/6/2016.
39. Compare com o relato de Gênesis 1: 20 – 25, no qual os animais são criados antes dos humanos.
40. Para maiores informações sobre Satanás no Antigo testamento consulte: PAIVA, Iara. C. *Satanás no Antigo Testamento.* Disponível em: https://www.

academia.edu/25831978/Satan%C3%A1s_no_Antigo_Testamento. Acessado em 12/06/2016.

41. PAGELS, Elaine. *As origens de Satanás*. 2ª ed. Trad. Ruy Jungmann. Rio de Janeiro: Ediouro publicações, 1996.

42. CAMPBELL, Joseph; MOYERS, Bill. *O poder do mito*. Org. Betty Sue Flowers. Trad. Carlos Felipe Moisés. São Paulo: Editora Palas Athena, 1991.

43. ROBLES, Martha. *Mulheres, mitos e deusas: o feminino através dos tempos*. Trad. William Lagos e Débora Dutra Vieira. São Paulo: Editora Aleph, 2006.

44. Citação de Galeano retirada de: Sem essa de maçã e costela. Contra as mentiras de Adão. https://medium.com/jornalistas-livres/sem-essa-de-ma%C3%A7%C3%A3-
-e-costela-contra-as-mentiras-de-ad%C3%A3o-415b8632e3c5#.ldx7q0f81 . Acessado em 10/06/2016.

45. SICUTERI, Roberto. *Lilith, a Lua Negra*. Trad. Norma Telles; J. Adolpho S. Gordo. 3ª ed. Rio de Janeiro: Editora Paz e Terra, 1987.

46. *Ibid*.

47. *Ibid*.

48. Trecho das bênçãos matutinas da reza diária das comunidades ortodoxas judias sendo precedidas de duas orações que agradecem a Deus por não terem nascido gentios ou escravos. A autoria é atribuída a Rav Meir, um dos organizadores da *Mishná*.

49. ARMSTRONG, Karen. *A grande transformação. O mundo na época de Buda, Confúcio e Jeremias*. Trad. Hildegard Feist. São Paulo: Companhia das Letras, 2008.

50. SILVA, J.J. *Travessia do Mar Vermelho cientificamente*. Disponível em: . Acessado em 1/04/2016.

51. Bíblia de Jerusalém traduz como Mar de Juncos. Ex 13:18.

52. ARMSTRONG, Karen. *A Bíblia, uma biografia*. Trad. Maria Luiza X. de A. Borges. Rio de Janeiro: Jorge Zahar Editor, 2007.

53. ALVES, Valtencir. Significado de midrash. Disponível em: . Acessado em 14/06/2016.

54. BUCHMAN, Christina; SPIEGEL, Celina (org). Fora do Jardim. Trad. Tânia Penido. Rio de Janeiro: Imago Editora, 1995.

55. ARMSTRONG, Karen. A grande transformação. O mundo na época de Buda, Confúcio e Jeremias. Trad. Hildegard Feist. São Paulo: Companhia das Letras, 2008.

56. ARMSTRONG, Karen. Uma história de Deus. Quatro milênios de busca do judaísmo, cristianismo e islamismo. Trad. Marcos Santarrita. São Paulo: Companhia das letras, 2008.

57. Ver nota de rodapé da Bíblia de Jerusalém de Gênesis 3:13.

58. ARMSTRONG, Karen. *A grande transformação. O mundo na época de Buda, Confúcio e Jeremias*. Trad. Hildegard Feist. São Paulo: Companhia das Letras, 2008.

59. THEISSEN, Gerd. *O Novo Testamento*. Trad. Carlos Almeida Pereira. Petrópolis: Editora Vozes, 2007.

60. Para mais informações sobre a formação do cânone do Novo Testamento consulte: EHRMAN, Bart. D. *Evangelhos Perdidos*. Trad. Eliziane Andrade Paiva. 3ªed. Rio de Janeiro: Editora Record, 2012.

61. EHRMAN, Bart. D. *Quem Jesus foi? Quem Jesus não foi?* Trad. Alexandre Martins. Rio de Janeiro: Ediouro publicações, 2009.

62. Verifique a tradução correta que aparece na Bíblia de Jerusalém em Isaías 7: 14.
63. PAGOLA, José Antonio. *Jesus: aproximação histórica*. Trad. Gentil Avelino Titton. 7ª ed. Petrópolis: Editora Vozes, 2014.
64. EHRMAN, Bart. D. *Pedro, Paulo e Maria Madalena*. Trad. Celina Falck--Cook. Rio de Janeiro: Editora Record, 2008.
65. BALDOCK. John. *Mulheres na Bíblia*. Trad. Paulo Sérgio Gomes; Thaís Pereira Gomes. São Paulo: M. Books do Brasil Editora, 2009.
66. PAGOLA, José Antonio. *Jesus: aproximação histórica*. Trad. Gentil Avelino Titton. 7ª ed. Petrópolis: Editora Vozes, 2014.
67. BORG, Marcus J.; CROSSAN, John Dominic. *A última semana*. Trad. Alves Calado. Rio de Janeiro: Ediouro Publicações, 2006.
68. PAGOLA, José Antonio. *Jesus: aproximação histórica*. Trad. Gentil Avelino Titton. 7ª ed. Petrópolis: Editora Vozes, 2014.
69. *Ibid.*
70. EHRMAN, Bart. D. *Pedro, Paulo e Maria Madalena*. Trad. Celina Falck--Cook. Rio de Janeiro: Editora Record, 2008.
71. PAGOLA, José Antonio. *Jesus: aproximação histórica*. Trad. Gentil Avelino Titton. 7ª ed. Petrópolis: Editora Vozes, 2014.
72. FRANGIOTTI, Roque. *Cristãos, judeus e pagãos: acusações, críticas e conflitos no cristianismo antigo*. Aparecida: Editora Ideias e Letras, 2006.
73. EHRMAN, Bart. D. *Pedro, Paulo e Maria Madalena*. Trad. Celina Falck--Cook. Rio de Janeiro: Editora Record, 2008.
74. THEISSEN, Gerd. *O Novo Testamento*. Trad. Carlos Almeida Pereira. Petrópolis: Ed. Vozes, 2007.
75. EHRMAN, Bart. D. *Quem escreveu a Bíblia: Por que os autores da Bíblia não são quem pensamos que são*. Trad. Alexandre Martins. Rio de Janeiro: Editora Agir, 2013.
76. PAGOLA, José Antonio. *Jesus: aproximação histórica*. Trad. Gentil Avelino Titton. 7ª ed. Petrópolis: Editora Vozes, 2014.
77. EHRMAN, Bart. D. *Evangelhos Perdidos*. Trad. Eliziane Andrade Paiva. 3ªed. Rio de Janeiro: Editora Record, 2012.
78. *Ibid.*
79. PAGELS, Elaine. *Os Evangelhos gnósticos*. Trad. Carlos Afonso Malferrari. São Paulo: Editora Cultrix, 1995.
80. *Ibid.*
81. ALBERIGO, Giuseppe (org.). *História dos Concílios Ecumênicos*. Trad. José Maria de Almeida. São Paulo: Editora *Paulus*, 2012.
82. PAGELS, Elaine. *Os Evangelhos gnósticos*. Trad. Carlos Afonso Malferrari. São Paulo: Editora Cultrix, 1995.
83. *Ibid.*
84. *Ibid.*
85. EHRMAN, Bart. D. *Evangelhos Perdidos*. Trad. Eliziane Andrade Paiva. 3ª ed. Rio de Janeiro: Editora Record, 2012.
86. PAGELS, Elaine. *Os Evangelhos gnósticos*. Trad. Carlos Afonso Malferrari. São Paulo: Editora Cultrix, 1995.
87. EHRMAN, Bart D. *Pedro, Paulo e Maria Madalena*. Trad. Celina Falck--Cook. Rio de Janeiro: Editora Record, 2008.

88. PAGELS, Elaine. *Os Evangelhos gnósticos*. Trad. Carlos Afonso Malferrari. São Paulo: Editora Cultrix,1995.
89. EHRMAN, Bart. D. *Evangelhos Perdidos*. Trad. Eliziane Andrade Paiva. 3ª ed. Rio de Janeiro: Editora Record, 2012.
90. EHRMAN, Bart D. *Pedro, Paulo e Maria Madalena*. Trad. Celina Falck--Cook. Rio de Janeiro: Editora Record, 2008.
91. EHRMAN, Bart. D. *Evangelhos Perdidos*. 3ª ed. Trad. Eliziane Andrade Paiva. Rio de Janeiro: Editora Record, 2012.
92. EHRMAN, Bart D. *Pedro, Paulo e Maria Madalena*. Trad. Celina Falck--Cook. Rio de Janeiro: Editora Record, 2008.
93. EHRMAN, Bart. D. *A verdade e a ficção em O código Da Vinci*. Trad. Clóvis Marques. Rio de Janeiro: Editora Record, 2005.
94. BARBAS, Helena. *Madalena história e mito*. Lisboa: Ésquilo edições, 2008.
95. EHRMAN, Bart. D. *Pedro, Paulo e Maria Madalena*. Trad. Celina Falck--Cook. Rio de Janeiro: Editora Record, 2008.
96. *Ibid.*
97. Pistis Sofia: Evangelho apócrifo gnóstico: Disponível em: https://view.officeapps.live.com/op/view.aspx?src=http%3A%2F%2Fwww.autoresespiritasclassicos.com%2FEvangelhos%2520Apocrifos%2FApocrifos%2F1%2FEvangelho%2520Ap%25C3%25B3crifos%2520-%2520Pistis%2520Sophia.doc. Acessado em : 31/05/2016.
98. BROWN, Dan. *O código Da Vinci*. Trad. Celina Cavalcanti Falk-Cook. Rio de Janeiro: Editora Sextante, 2004.
99. EHRMAN, Bart. D. *Pedro, Paulo e Maria Madalena*. Trad. Celina Falck--Cook. Rio de Janeiro: Editora Record, 2008.
100. EHRMAN, Bart. D. *A verdade e a ficção em O código Da Vinci*. Trad. Clóvis Marques. Rio de Janeiro: Editora Record, 2005.
101. O sinal, beijo da paz na liturgia. http://apologeticacatolicablog.blogspot.com.br/2011/07/em-recente-debate-no-orkut-sobre-o.html. Acessado em: 31/05/2016.
102. EHRMAN, Bart. *Pedro, Paulo e Maria Madalena*. Trad. Celina Falck-Cook. Rio de Janeiro: Editora Record, 2008.
103. RODRIGUES, Cláudio J.A. *Apócrifos e Pseudoepígrafos da Bíblia*. São Paulo: Editora Cristã Novo Século, 2004.
104. *Ibid.*
105. *Ibid.*
106. BARBAS, *Helena. Madalena história e mito*. Lisboa: Ésquilo edições, 2008.
107. RODRIGUES, Cláudio J.A. *Apócrifos e Pseudoepígrafos da Bíblia*. São Paulo: Editora Cristã Novo Século, 2004.
108. Credo Niceno consultado no site: http://www.ecclesia.com.br/biblioteca/historia_da_igreja/primeiro_concilio_ecumenico_de_niceia.html. Acessado em: 31/05/2016.
109. ALBERIGO, Giuseppe (org.). *História dos Concílios Ecumênicos*. Trad. José Maria de Almeida. São Paulo: Editora *Paulus,* 2012.
110. BOFF, Frei Clodovis. *Dogmas Marianos. Síntese catequético-pastoral*. São Paulo: Editora Ave Maria, 2010.

111. RODRIGUES, Cláudio J.A. *Apócrifos e Pseudoepígrafos da Bíblia*. São Paulo: Editora Cristã Novo Século, 2004.

112. EHRMAN, Bart. D. *Evangelhos Perdidos*. Trad. Eliziane Andrade Paiva. 3ª ed. Rio de Janeiro: Editora Record, 2012.

113. *Ibid.*

114. *Ibid.*

115. FRANGIOTTI, Roque. *História das heresias. (Séculos I – VII). Conflitos ideológicos dentro do cristianismo*. São Paulo: Editora *Paulus*, 2013.

116. EHRMAN, Bart. D. *Evangelhos Perdidos*. Trad. Eliziane Andrade Paiva. Rio de Janeiro: 3ª ed. Editora Record, 2012.

117. PAGELS, Elaine. *Os Evangelhos gnósticos*. Trad. Carlos Afonso Malferrari. São Paulo: Editora Cultrix, 1995.

118. *Ibid.*

119. ARMSTRONG, Karen. *A grande transformação. O mundo na época de Buda, Confúcio e Jeremias*. Trad. Hildegard Feist. São Paulo: Companhia das Letras, 2008.

120. *Ibid.*

121. LAMA, Dalai XIV. *Conselhos espirituais*. Rio de Janeiro: Verus Editora, 2004.

122. AGOSTINHO, Santo. *Confissões*. São Paulo: Editora Martin Claret, 2007.

123. BALDOCK. John. *Mulheres na Bíblia*. Trad. Paulo Sérgio Gomes; Thaís Pereira Gomes. São Paulo: M. Books do Brasil Editora., 2009.

124. *Ibid.*

Referências

AGOSTINHO, Santo. *Confissões*. Trad. Alex Marins. São Paulo: Editora Martin Claret, 2006.
ALAMBERT, Zuleika. *A mulher na história e a história da mulher*. Abaré: Fundação Astrogildo Pereira/FAP, 2004.
ALBERIGO, Giuseppe (org.). *História dos Concílios Ecumênicos*. Trad. José Maria de Almeida. São Paulo: Editora *Paulus*, 2012.
A epopeia de Gilgamesh. Tradução de Carlos Daudt de Oliveira. São Paulo: Editora Martins Fontes, 2016.
ARMSTRONG, Karen. *A Bíblia, uma biografia*. Trad. Maria Luiza X. de A. Borges. Rio de Janeiro: Jorge Zahar Editor, 2007.
_____. *A grande transformação. O mundo na época de Buda, Confúcio e Jeremias*. Trad. Hildegard Feist. São Paulo: Companhia das Letras, 2008.
_____. *Uma história de Deus. Quatro milênios de busca do judaísmo, cristianismo e islamismo*. Trad. Marcos Santarrita. São Paulo: Companhia das letras, 2008.
BALDOCK. John. *Mulheres na Bíblia*. Trad. Paulo Sérgio Gomes e Thaís Pereira Gomes. São Paulo: M. Books do Brasil Editora, 2009.
BARBAS, Helena. *Madalena história e mito*. Lisboa: Ésquilo edições, 2008.
BÍBLIA. Português. *Bíblia de Jerusalém*. Nova edição, revista e ampliada. 8 impressão. São Paulo: Editora *Paulus*, 2012.
BOFF, Frei Clodovis. *Dogmas Marianos. Síntese catequético-pastoral*. São Paulo: Editora Ave Maria, 2010.
BOLEN, Jean Shinoda. *As deusas e a mulher. A nova psicologia das mulheres*. Trad. Maria Lydia Remédio. São Paulo: Editora *Paulus*, 1990.
BORG, Marcus J.; CROSSAN, John Dominic. *A última semana*. Trad. Alves Calado. Rio de Janeiro: Ediouro Publicações, 2006.
BOWKER, John (org.). *O livro de ouro das religiões. A fé no Ocidente e Oriente, da pré-história aos nossos dias*. Trad. Laura Alves; Aurélio Rebello. Rio de Janeiro: Ediouro, 2004.
BROWN, Dan. *O código Da Vinci*. Trad. Celina Cavalcanti Falk-Cook. Rio de Janeiro: Editora Sextante, 2004.
BUCHMAN, Christina; SPIEGEL, Celina (org). *Fora do Jardim*. Trad. Tânia Penido. Rio de Janeiro: Imago Editora, 1995.
BULFINCH, Thomas. *O livro de ouro da mitologia*. Trad. David Jardim Júnior. 28 ed. Rio de Janeiro: Ediouro Publicações, 2002.
CAIRNS, Earle E. *O cristianismo através dos séculos: uma história da Igreja Cristã*. Trad. Israel Belo de Azevedo; Valdemar Kroker. 3 ed. São Paulo: Vida Nova, 2008.
CAMPBELL, Joseph; MOYERS, Bill. *O poder do mito*. Org. Betty Sue Flowers. Trad. Carlos Felipe Moisés. São Paulo: Editora Palas Athena, 1991.
DAVIDSON, Hilda R. Ellis. *Deuses e mitos do norte da Europa*. São Paulo: Editora Madras, 2004.
ELIADE, Mircea. *Mito e realidade*. Tradução: Pola Civelli. São Paulo: Editora Perspectiva, 1972.

_____. *História das crenças e das ideias religiosas, volume 1: da idade da pedra aos mistérios de Elêusis.* Rio de Janeiro: Jorge Zahar Editores, 2010.

EHRMAN, Bart. D. *A verdade e a ficção em O código Da Vinci.* Trad. Clóvis Marques. Rio de Janeiro: Editora Record, 2005.

_____. *O que Jesus disse? O que Jesus não disse? Quem mudou a Bíblia e por quê?* Trad. Marcos Marcionilo. Rio de Janeiro: Editora Agir, 2006.

_____. *Pedro, Paulo e Maria Madalena.* Trad. Celina Falck-Cook. Rio de Janeiro: Editora Record, 2008.

_____. *Quem Jesus foi? Quem Jesus não foi?* Trad. Alexandre Martins. Rio de Janeiro: Ediouro publicações, 2009.

_____. *Evangelhos Perdidos.* 3 ed. Trad. Eliziane Andrade Paiva. Rio de Janeiro: Editora Record, 2012.

_____. *Quem escreveu a Bíblia: Por que os autores da Bíblia não são quem pensamos que são.* Trad. Alexandre Martins. Rio de Janeiro: Editora Agir, 2013.

_____. *Jesus existiu ou não?* Trad. Anthony Cleaver. Rio de Janeiro: Editora Agir, 2014.

FINKELSTEIN, Israel; SILBERMAN, Neil Asher. *A Bíblia não tinha razão.* Trad. Tuca Magalhães. São Paulo: A Girafa Editora, 2003.

FRANCHINI, A. S.; SEGANFREDO, Carmen. *As melhores histórias da mitologia nórdica.* Porto Alegre: Artes e Ofícios Editora, 2004.

FRANGIOTTI, Roque. História das heresias. (Séculos I – VII). Conflitos ideológicos dentro do cristianismo. Editora Paulus. São Paulo: 2013.

_____. *Cristãos, judeus e pagãos: acusações, críticas e conflitos no cristianismo antigo.* Aparecida: Editora Ideias e letras, 2006.

HESÍODO. *Teogonia.* Estudo e tradução Jaa Torrano. São Paulo: Editora Iluminuras, 1991.

_____. *Trabalhos e dias.* Trad. Ana E. Pinheiro e José R. Ferreira. Lisboa: Imprensa Nacional, 2005.

HUSAIN, Shahrukh. *O livro de ouro da mitologia erótica.* Trad. Renato Rezende. Rio de Janeiro: Ediouro, 2003.

JUNG, Carl G. *Os arquétipos e o inconsciente coletivo.* Trad. Dora Mariana R. Ferreira da Silva; Maria Luíza Appy. Rio de Janeiro: Editora Vozes, 2002.

KELLER, Werner. *E a Bíblia tinha razão.* São Paulo: Editora Melhoramentos, 2007.

LAMA, Dalai XIV. *Conselhos espirituais.* Rio de Janeiro: Verus Editora, 2004.

MEIER, JOHN P. *Um judeu marginal: repensando o Jesus histórico, volume 1: as raízes do problema e da pessoa.* Trad. Laura Rumchinsky. Rio de Janeiro: Imago Editora, 1993.

MEIER, JOHN P. *Um judeu marginal: repensando o Jesus histórico, volume 2, livro 1: mentor.* Trad. Laura Rumchinsky. Rio de Janeiro: Imago Editora, 1996.

MELLO, Anísio. *Estórias e lendas da Amazônia.* São Paulo: Livraria Editora Iracema, 1963.

NAVARRO, Regina. *A cama na varanda.* Rio de Janeiro: Editora Best Seller, 2007.

NIETZSCHE, Friedrich. *Gaia Ciência.* Trad.Paulo César de Souza. São Paulo: Companhia de Bolso: 2012.

PAGELS, Elaine. *Os Evangelhos gnósticos.* Trad. Carlos Afonso Malferrari. São Paulo: Editora Cultrix, 1995.

_____. *As origens de Satanás.* 2 ed. Trad. Ruy Jungmann. Rio de Janeiro: Ediouro publicações, 1996.

PAGOLA, José Antonio. *Jesus: aproximação histórica.* Trad. Gentil Avelino Titton. 7ªed. Petrópolis: Editora Vozes, 2014.

PERRY, Marvin. *Civilização Ocidental: uma história concisa*. Trad. Waltensir Dutra; Silvana Vieira. 2 ed. São Paulo: Martins Fontes, 2002.
RIBEIRO, Ronilda Iyakemi. *Alma africana no Brasil. Os iorubas*. São Paulo: Editora Oduduwa, 1996.
ROBLES, Martha. *Mulheres, mitos e deusas: o feminino através dos tempos*. Trad. William Lagos e Débora Dutra Vieira. São Paulo: Editora Aleph, 2006.
RODRIGUES, Cláudio J.A. *Apócrifos e Pseudoepígrafos da Bíblia*. São Paulo: Editora Cristã Novo Século, 2004.
SAFFIOTI, Heleieth. I. B. *Gênero, patriarcado, violência*. São Paulo: Fundação Perseu Abramo, 2004.
SANDARS, N. K. *A epopeia de Gilgamesh*. São Paulo: Martins Fontes, 1992.
SANTOS, Poliane Vasconi dos. *Religião e sociedade no Egito antigo: do mito de Ísis e Osíris na obra de Plutarco (I d.C.)*. 2003. 131 f. Dissertação (mestrado) – Universidade Estadual Paulista, Faculdade de Ciências e Letras de Assis. Disponível em: .
SILVA, Vagner Gonçalves da. *Candomblé e Umbanda. Caminhos da devoção brasileira*. 5 ed. São Paulo: Selo Negro Edições, 2005.
SICUTERI, Roberto. *Lilith, a Lua Negra*. Trad. Norma Telles e J. Adolpho S. Gordo. 3 ed. Rio de Janeiro: Editora Paz e Terra, 1987.
THEISSEN, Gerd. O Novo Testamento. Trad. Carlos Almeida Pereira. Petrópolis: Editora Vozes, 2007.

Publicações:

BASTOS, Ivana da Silva. *A visão do feminino nas religiões afro-brasileiras*. In: CAOS: Revista eletrônica de Ciências Sociais. N°4 set/2009. Acessado em 25/3/2016.
BRASETE, Maria Fernanda. *A criação da mulher segundo Hesíodo*. Disponível em: http://revistas.ua.pt/index.php/teografias/article/view/2392/2250. Acessado em 6/6/2016.
CORDEIRO, Ana Luísa Alves. In: Revista Aulas. *Asherah: A Deusa proibida*. Dossiê religião n°4 abril 2007/julho2007. Acessado em 2/4/2016.
FELDMAN, Sérgio Alberto. *A mulher na religião judaica*. Disponível em: . Acessado em 15/04/2016
LAURIOLA, Rosana. *Pandora, o mal em forma de beleza: o nascimento do mal no mundo grego antigo*. Trad. Eva P. Bueno. In: Revista Espaço Acadêmico. N° 52, set. 2005. Disponível em: . Acessado em 15/04/2016.
PEREIRA, Patrícia. *Amazonas: lenda ou realidade?* Revista Superinteressante. Edição 231 a, outubro de 2006.
PRATAS, Glória Maria. *Trabalho e religião: o papel da mulher na sociedade faraônica*. **Revista Mandrágora, v.17. n. 17, 2011, p. 157-173.**
Revista História Viva. Religião: 10 razões para rever a Bíblia. N°1. Duetto Editorial.
ROCKENBACK, Marina. *Mitos, rituais funerários e valores sociais no Egito antigo*. In: Revista Mundo Antigo – ano II, v. 2, n° 1- junho de 2013.
SOUZA, Alexandre Alselmo de. *Filosofia antiga*. Disponível em: . Acessado em: 7/6/2016.

Sites visitados:

A condição feminina: uma breve história. Disponível em: http://www.maxwell.vrac.puc-rio.br/8603/8603_3.PDF. Acessado em 17/02/2016.

ALVES, Valtencir. Significado de midrash. http://doutorhermeneutica.blogspot.com.br/2009/01/midrash.html. Acessado em 14/06/2016.

BEZERRA, Karina. História geral das religiões. Disponível em: http://www.unicap.br/observatorio2/wpcontent/uploads/2011/10/HISTORIA-GERAL-DAS--RELIGIOES-karina-Bezerra.pdf. Acessado em 15/02/2016.

Credo Niceno consultado no site: http://www.ecclesia.com.br/biblioteca/historia_da_igreja/primeiro_concilio_ecumenico_de_niceia.html. Acessado em: 31/05/2016.

O sinal, beijo da paz na liturgia. Disponível em: http://apologeticacatolicablog.blogspot.com.br/2011/07/em-recente-debate-no-orkut-sobre-o.html. Acessado em: 31/5/2016.

Papa Francisco diz que big bang e teoria da evolução não contradizem a lei cristã. Disponível em: http://g1.globo.com/ciencia-e-aude/noticia/2014/10/papa-diz--que-big-bang-e-teoria-da-evolucao-nao-contradizem-lei-crista.html. Acessado em 20/02/2016.

Pistis Sofia: Evangelho apócrifo gnóstico: Disponível em: https:// view.office-apps.live.com/op/view.aspx?src=http%3A%2F%2Fwww.autoresespiritasclassicos.com%2FEvangelhos%2520Apocrifos%2FApocrifos%2F1%2FEvangelho%2520Ap%25C3%25B3crifos%2520-%2520Pistis%2520Sophia.doc . Acessado em 15/05/2016.

Porque o estupro feminino é tão intrínseco nas religiões. Disponível em: http://www.bulevoador.com.br/2014/12/por-que-o-estupro-e-tao-intrinseco-religiao/. Acessado em 22/02/2016.

Satanás no Antigo testamento. Iara C. Paiva: https://www.academia.edu/25831978/Satan%C3%A1s_no_Antigo_Testamento. Acessado em: 10/06/2016.

Sem essa de maçã e costela. Contra as mentiras de Adão. Disponível em: https://medium.com/jornalistas-livres/sem-essa-de-ma%C3%A7%C3%A3-e-costela-contra-as-mentiras-de-ad%C3%A3o-415b8632e3c5#.ldx7q0f81. Acessado em 10/06/2016.

SILVA, Aline Mello da. Os arquétipos femininos da mitologia grega e romana na dramaturgia. Disponível em: http://www.machadosobrinho.com.br/revista_online/publicacao/resenhas/PainelAcademico01REMS8.pdf. Acessado em 22/02/2016.

SILVA J.J. Travessia do Mar Vermelho cientificamente. Disponível em: https://entendendoavida.wordpress.com/2010/09/25/travessia-do-mar-vermelho-cientificamente/. Acessado em 1/04/2016.